5~6세
나

어린이 국어 따라쓰기

편집부편

와이 앤 엠

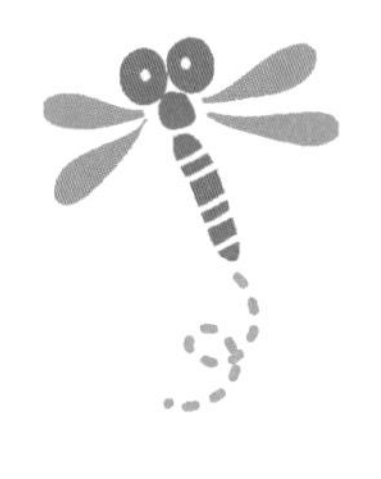

차 례

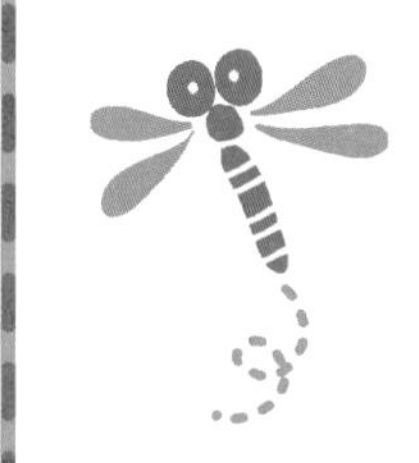

어린이 국어 따라쓰기

나

색연필로 빈칸에 ㅈ을 예쁘게 써 봅시다.

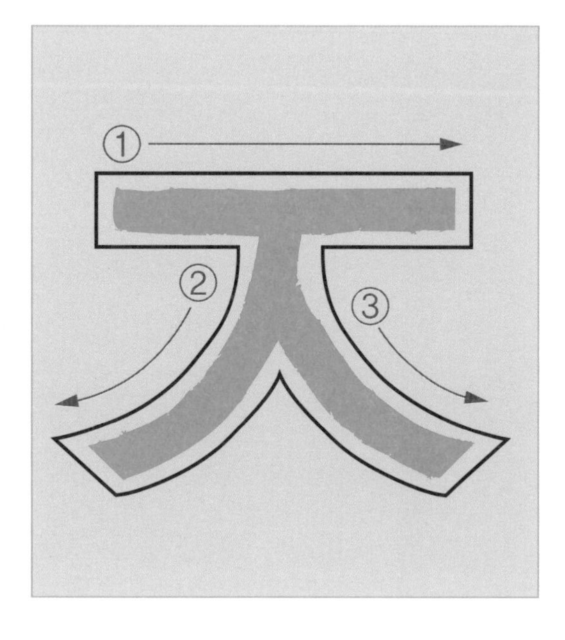

색연필로 빈칸에 ㅈ을 예쁘게 써 봅시다.

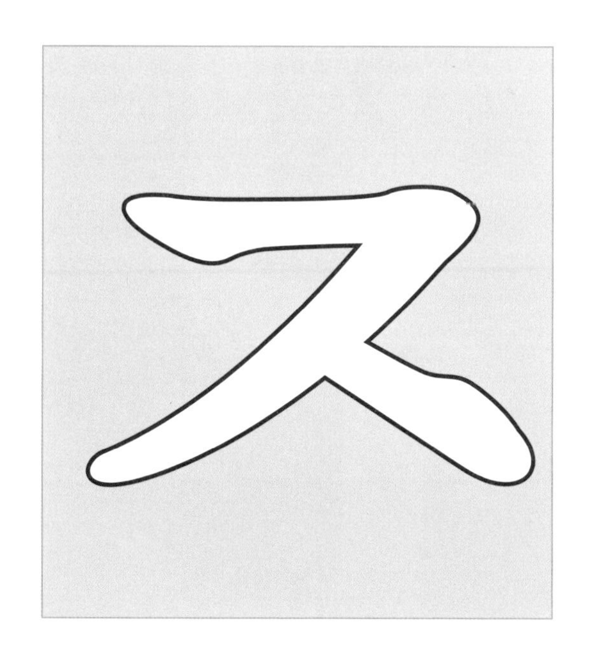

화살표를 따라가며 ㅇ~ㅋ까지의 자음 순서를 알아 봅시다.

자음 'ㅇ ㅈ ㅊ'을 따라 써 봅시다.

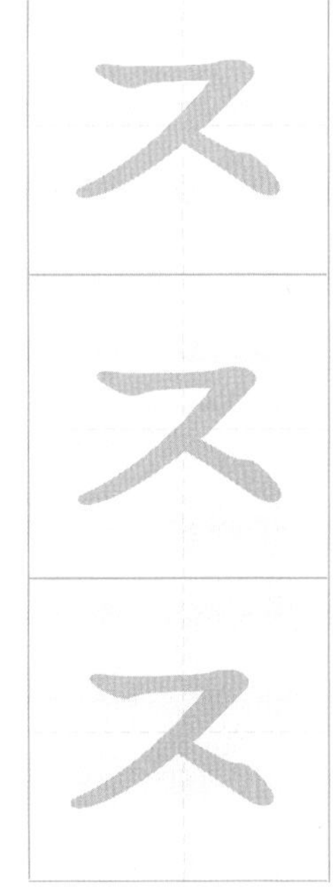

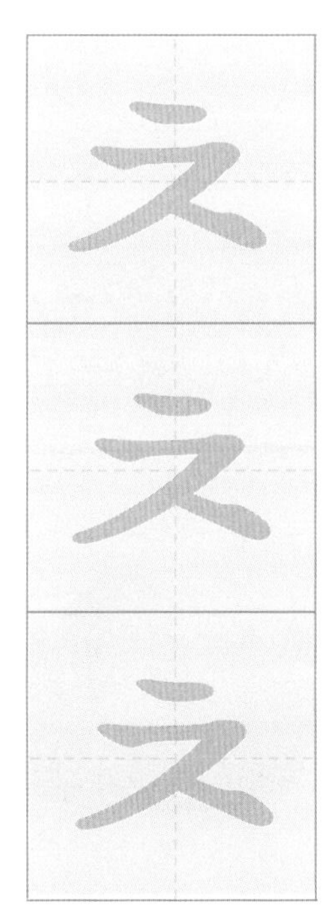

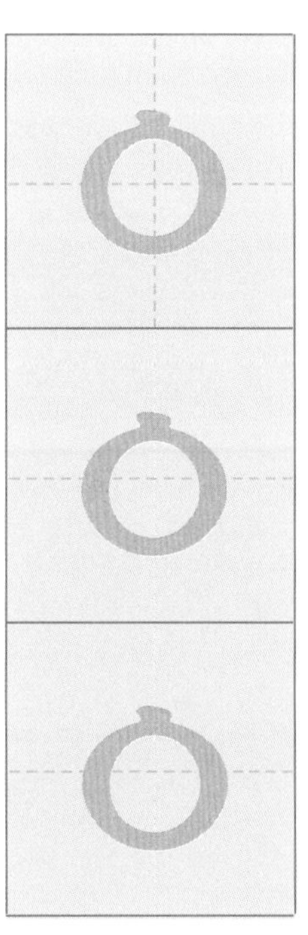

'ㅇ ㅈ ㅊ'이 들어간 글자를 선으로 연결하여 봅시다.

'ㅇ ㅈ ㅊ' 이 들어간 낱말을 예쁘게 따라 써 봅시다.

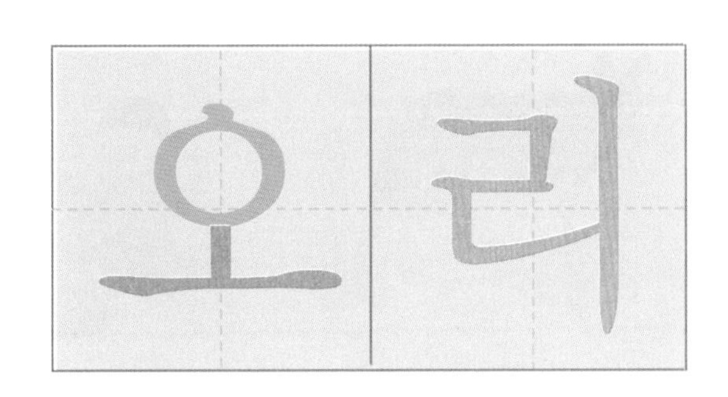

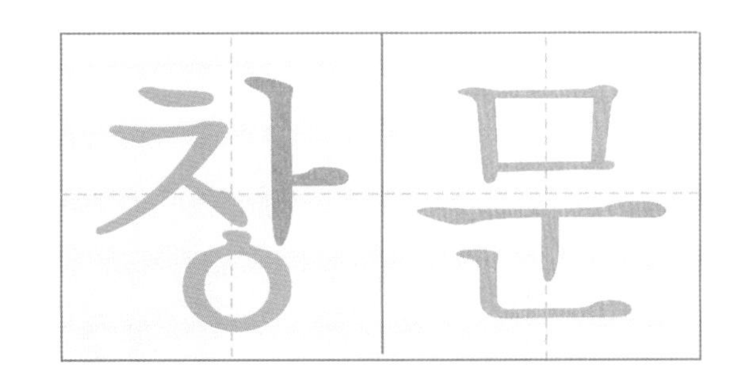

그림과 알맞은 낱말을 선으로 연결하여 봅시다

☆ 그림을 보고 예쁘게 따라 써 봅시다.

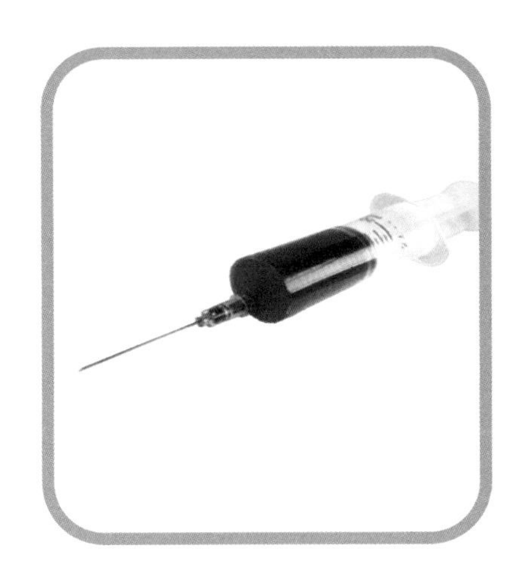

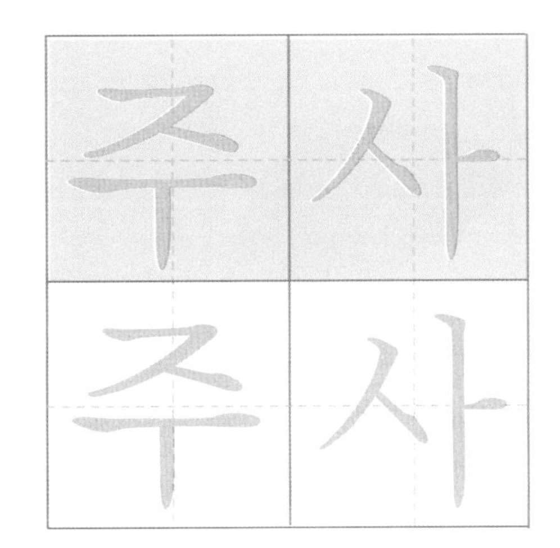

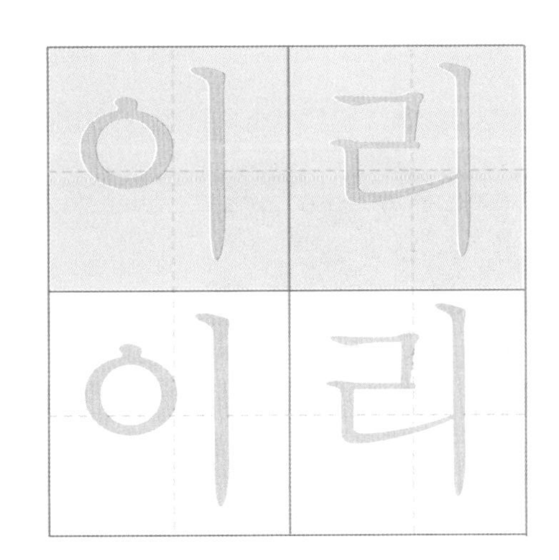

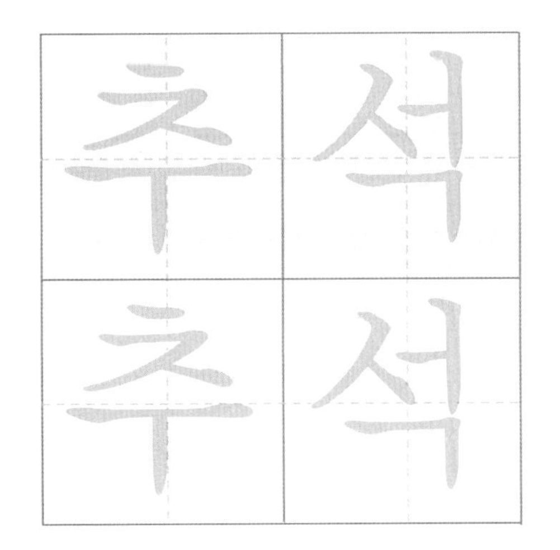

알맞은 것끼리 선으로 연결하여 봅시다

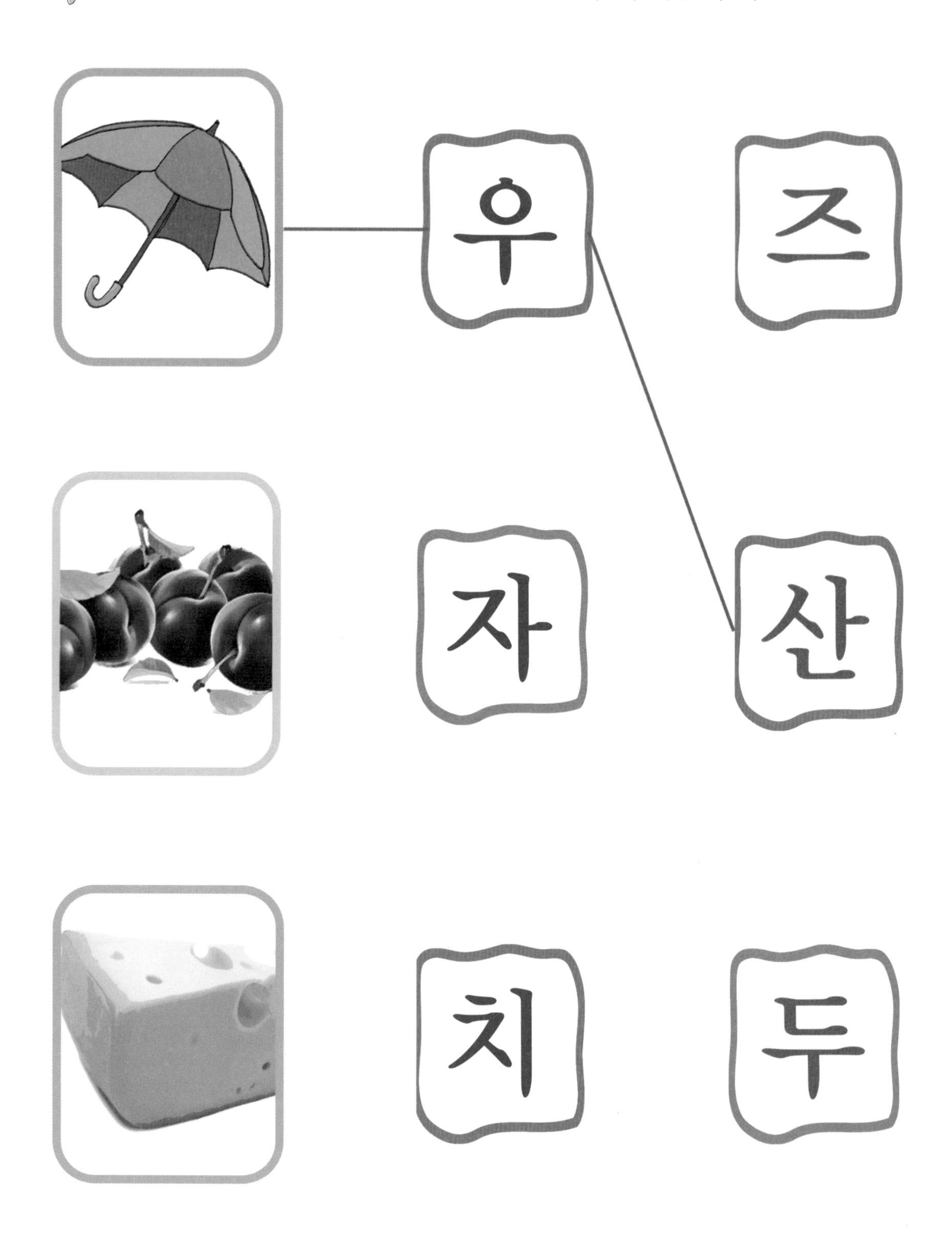

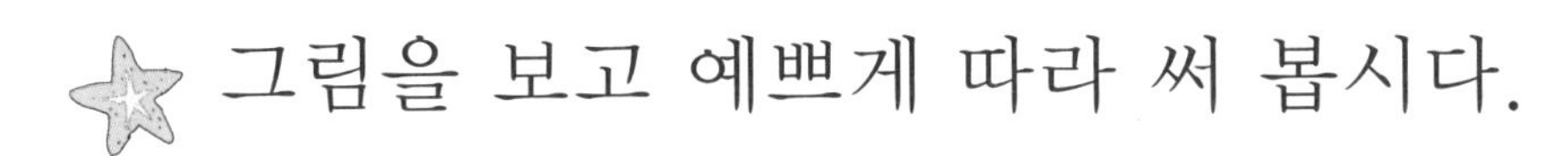

그림을 보고 예쁘게 따라 써 봅시다.

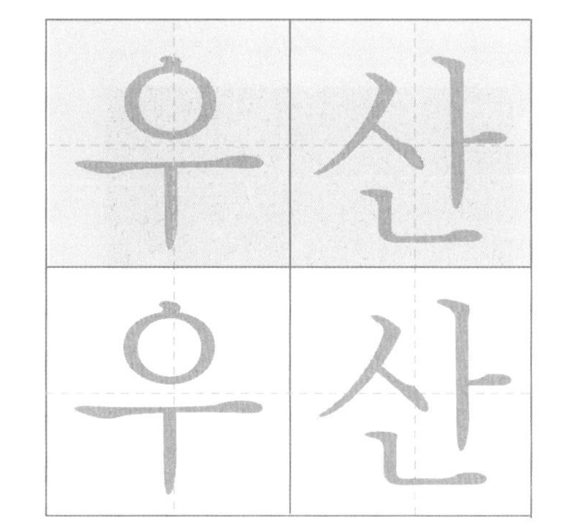

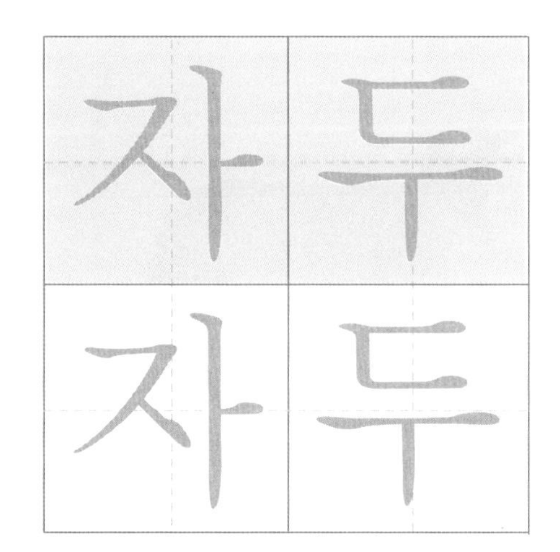

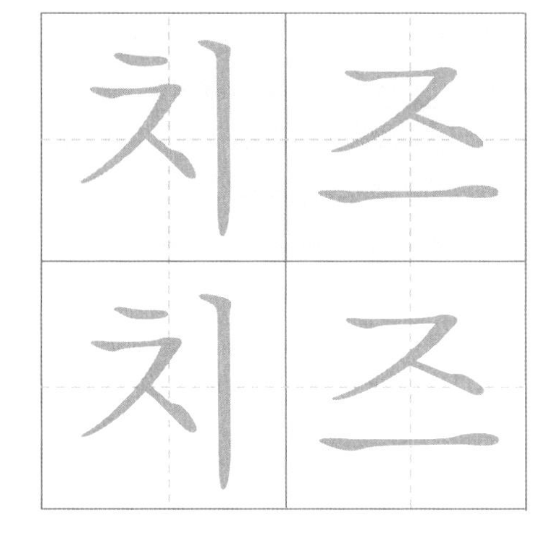

서로 알맞은 것끼리 선으로 연결하여 봅시다.

저녁

 그림을 보고 예쁘게 따라 써 봅시다.

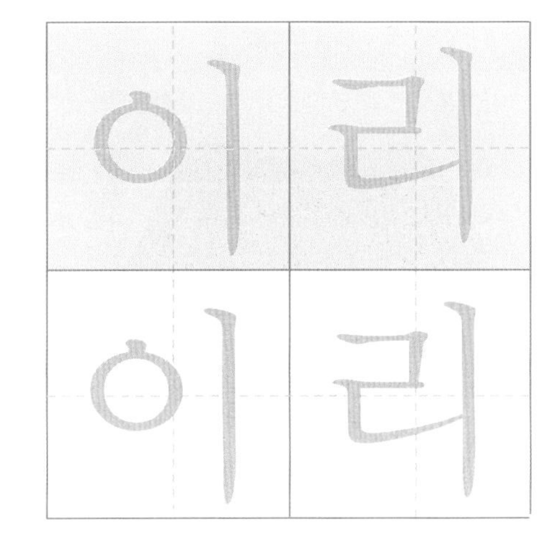

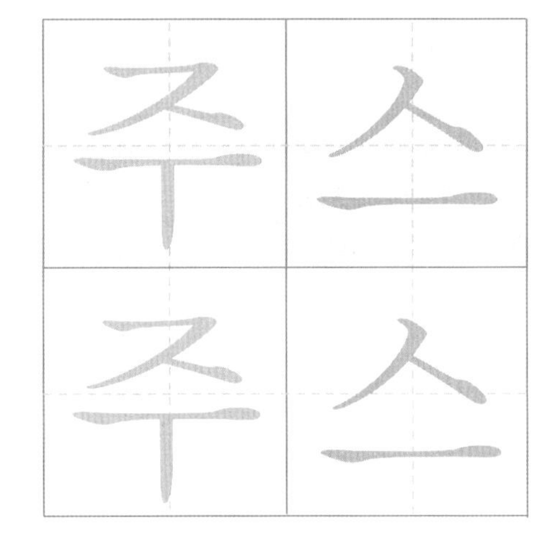

서로 맞은 것끼리 선으로 연결하여 봅시다.

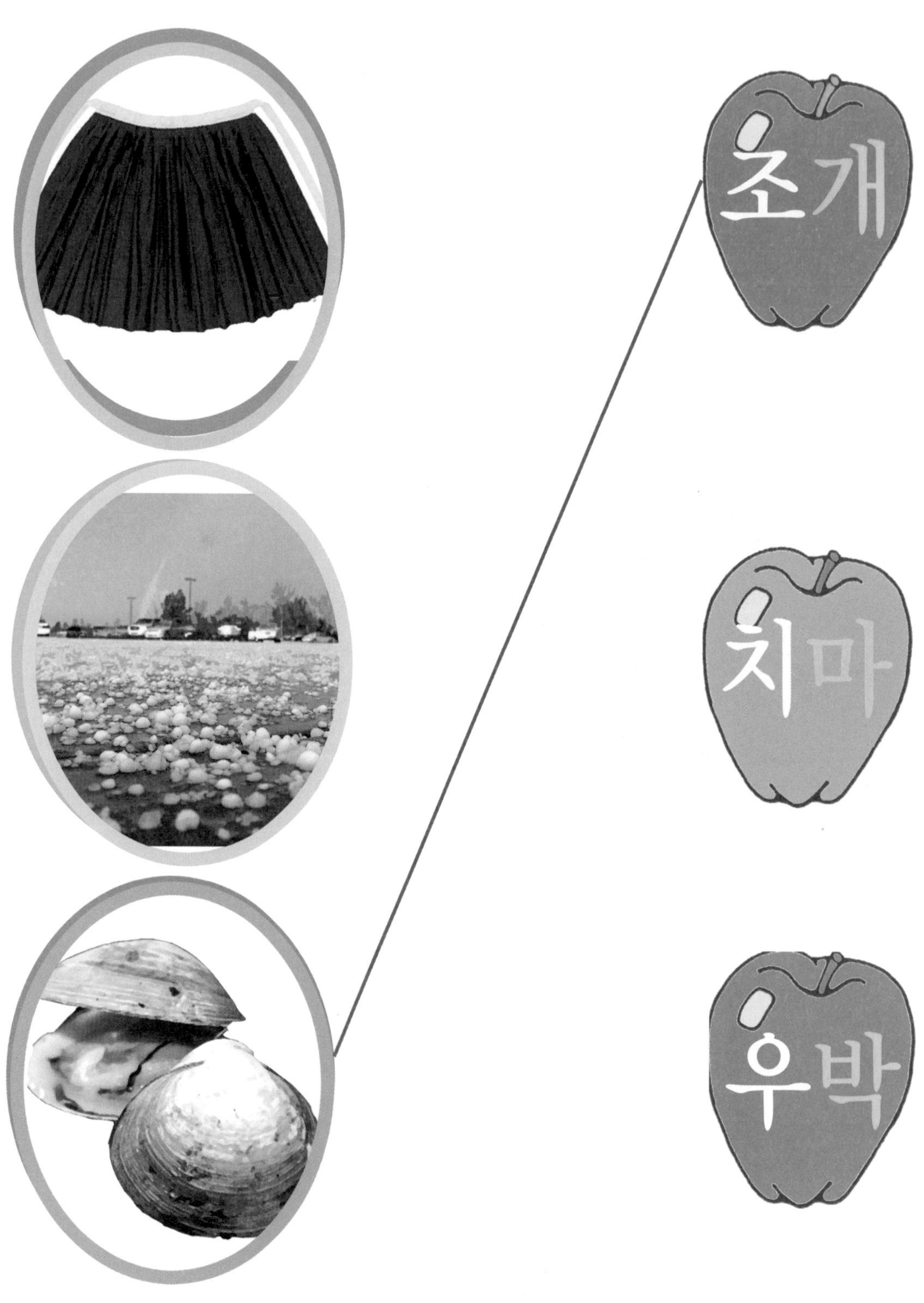

'그림을 보고 예쁘게 따라 써 봅시다.

우	박	조	개	치	마
우	박	조	개	치	마
우	박	조	개	치	마

그림을 보고 예쁘게 따라 써 봅시다.

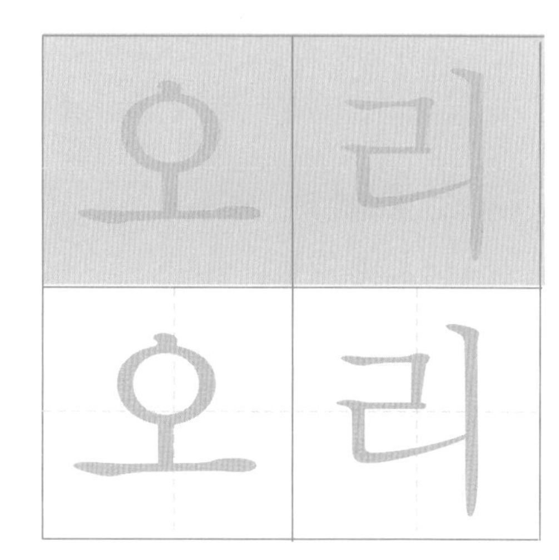

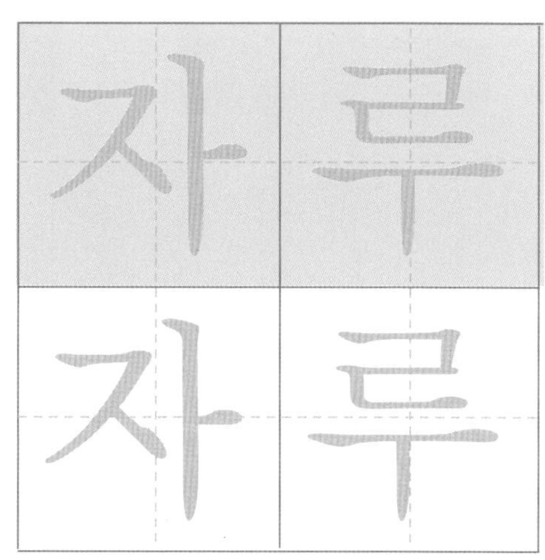

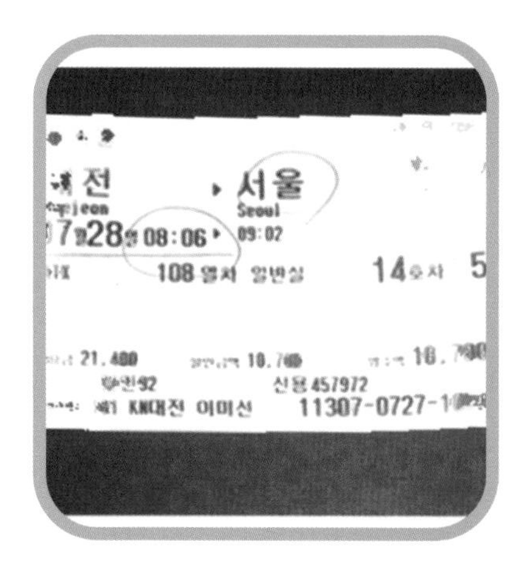

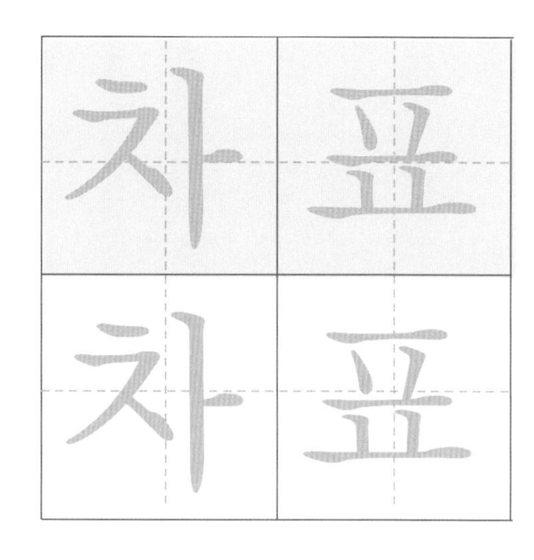

☆ 그림을 보고 예쁘게 따라 써 봅시다.

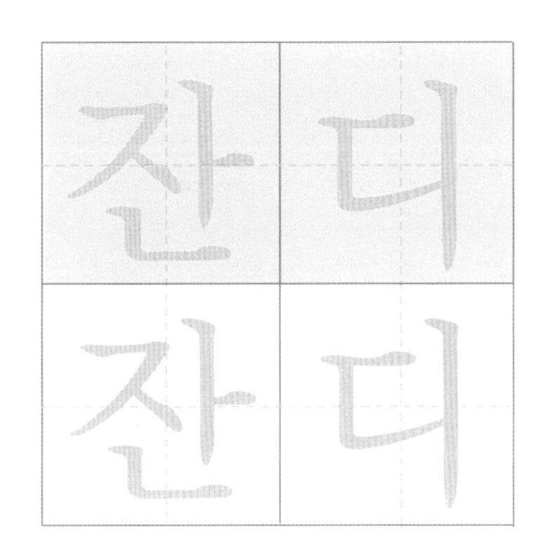

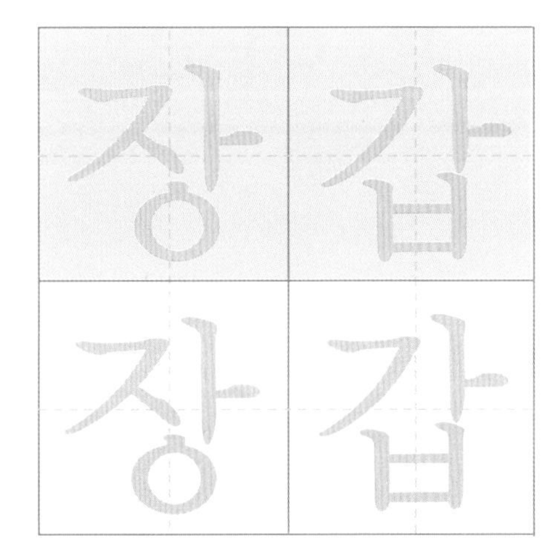

'ㅈ' 이 들어간 낱말에 ㅇ표를 해 봅시다.

 'ㅇ ㅈ'이 들어간 낱말에 ㅇ표를 해 봅시다.

소방차

은하수

잠자리

배 추

알맞은 것끼리 선으로 연결하여 봅시다.

그림을 보고 예쁘게 따라 써 봅시다.

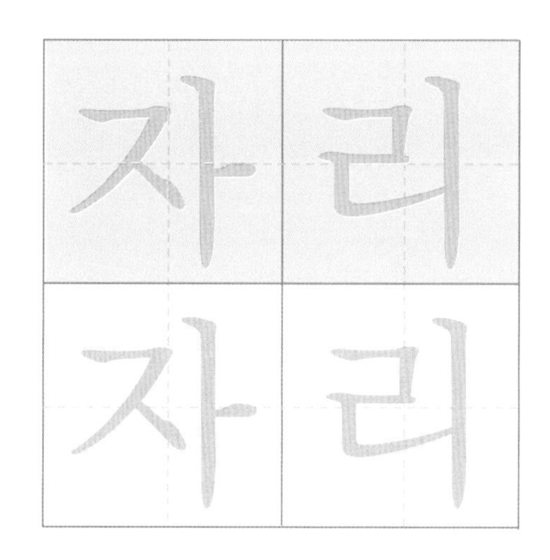

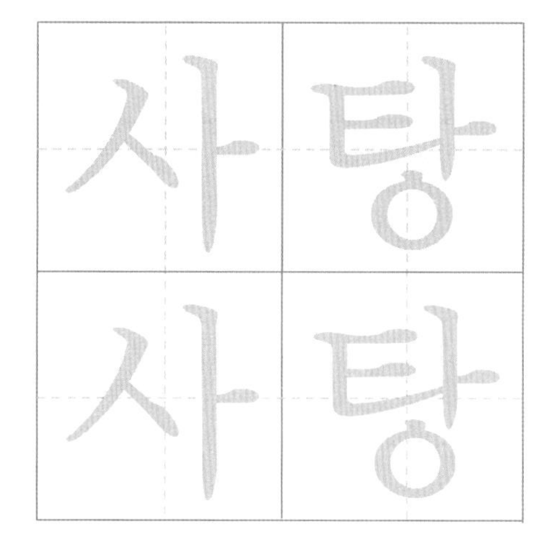

아래 낱말을 예쁘게 따라 써 봅시다.

자	두
자	두
자	두

이	름
이	름
이	름

자	라
자	라
자	라

조	개
조	개
조	개

아래 낱말을 예쁘게 따라 써 봅시다.

주	사
주	사
주	사

주	스
주	스
주	스

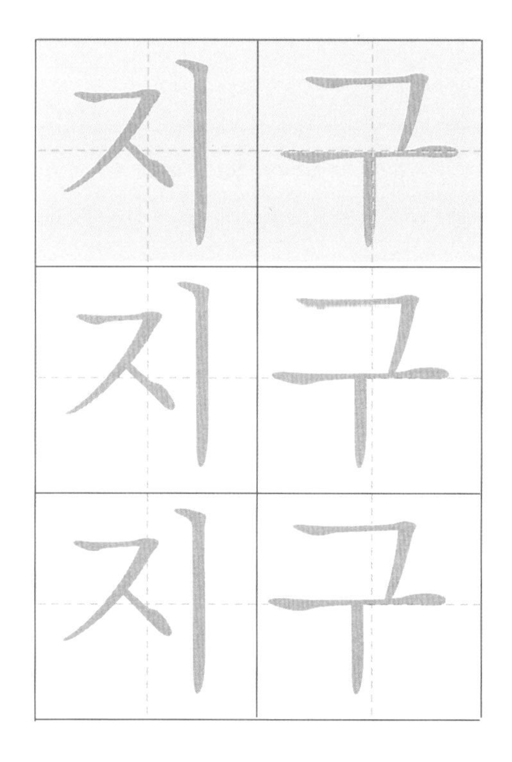

장	갑
장	갑
장	갑

 색연필로 빈칸에 ㅊ을 예쁘게 써 봅시다.

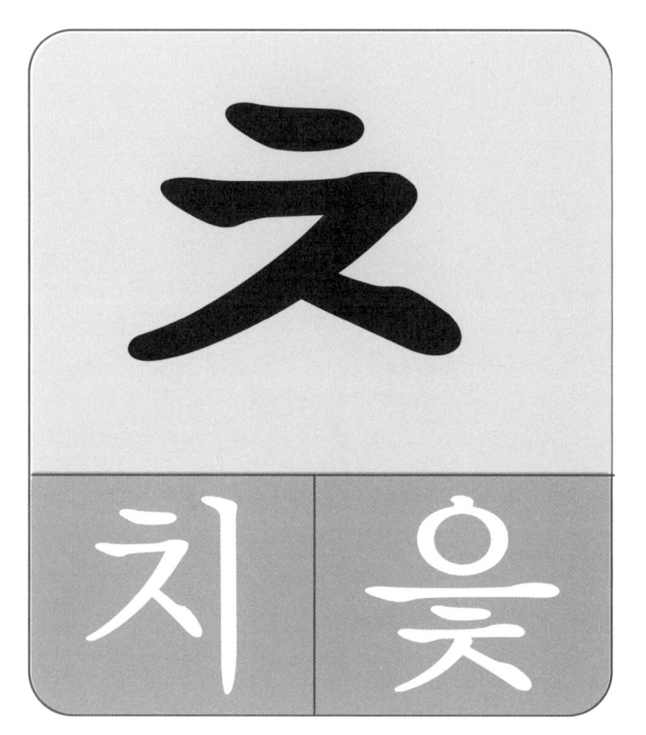

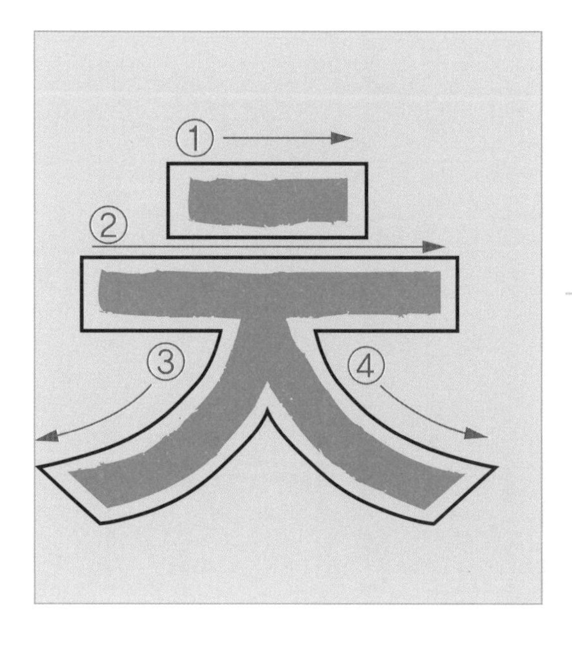

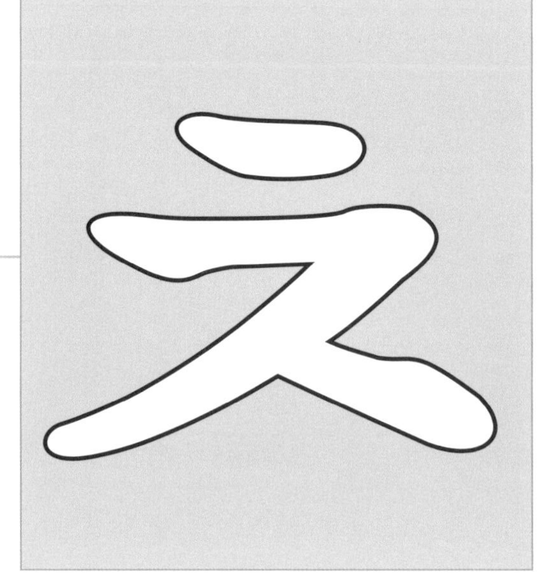

색연필로 빈칸에 ㅊ을 예쁘게 써 봅시다.

그림과 낱말이 다른 것을 찾아봅시다.

자음 'ㅇ ㅈ ㅊ'을 따라 써 봅시다.

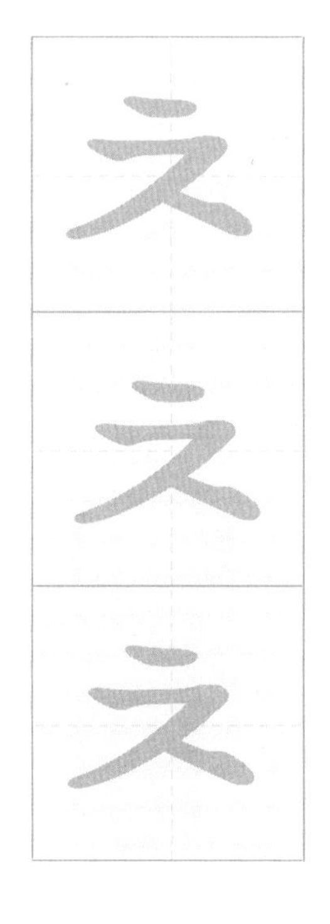

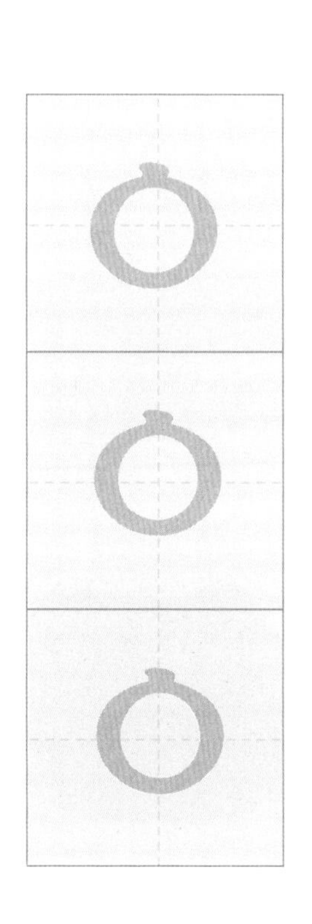

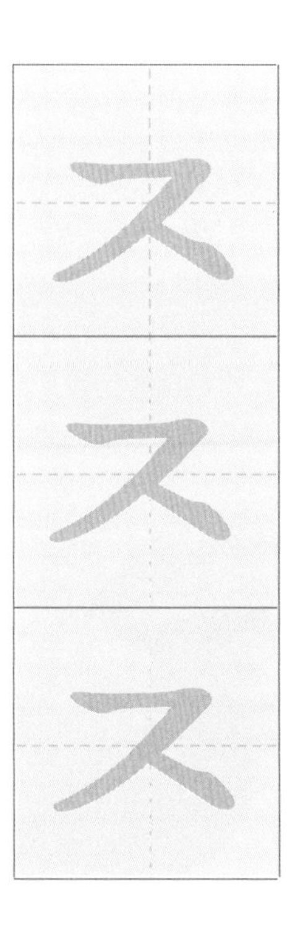

'ㅇ ㅈ ㅊ'이 들어간 글자를 선으로 연결하여 봅시다.

조 개

치 마

아 기

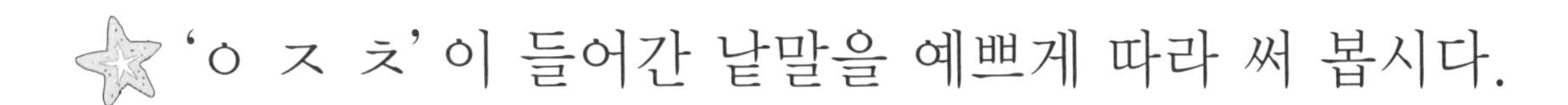

'ㅇ ㅈ ㅊ'이 들어간 낱말을 예쁘게 따라 써 봅시다.

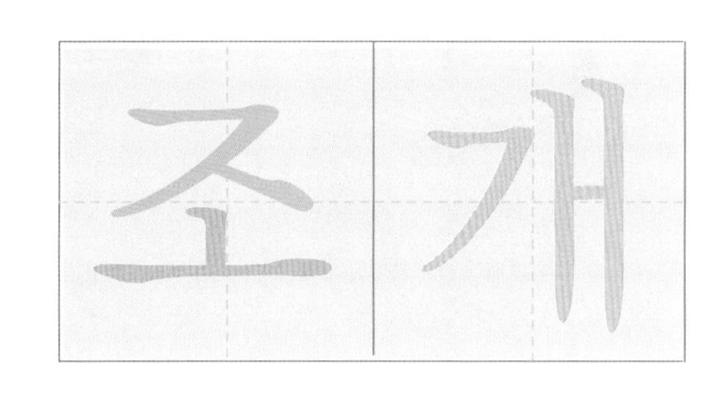

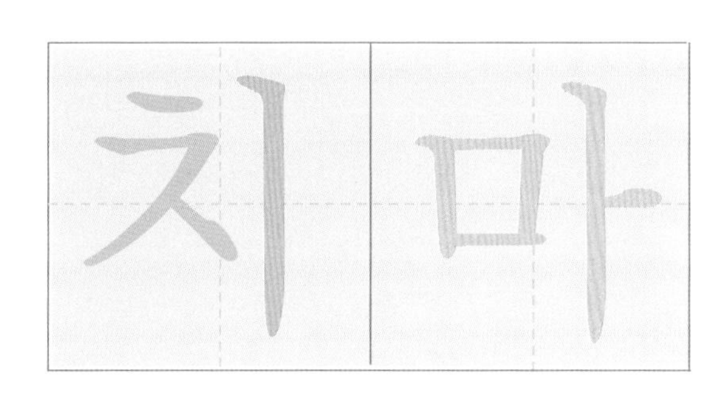

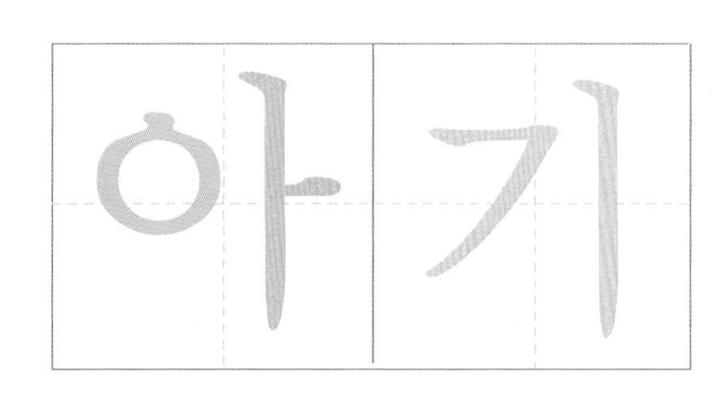

☆그림과 알맞은 낱말을 선으로 연결하여 봅시다

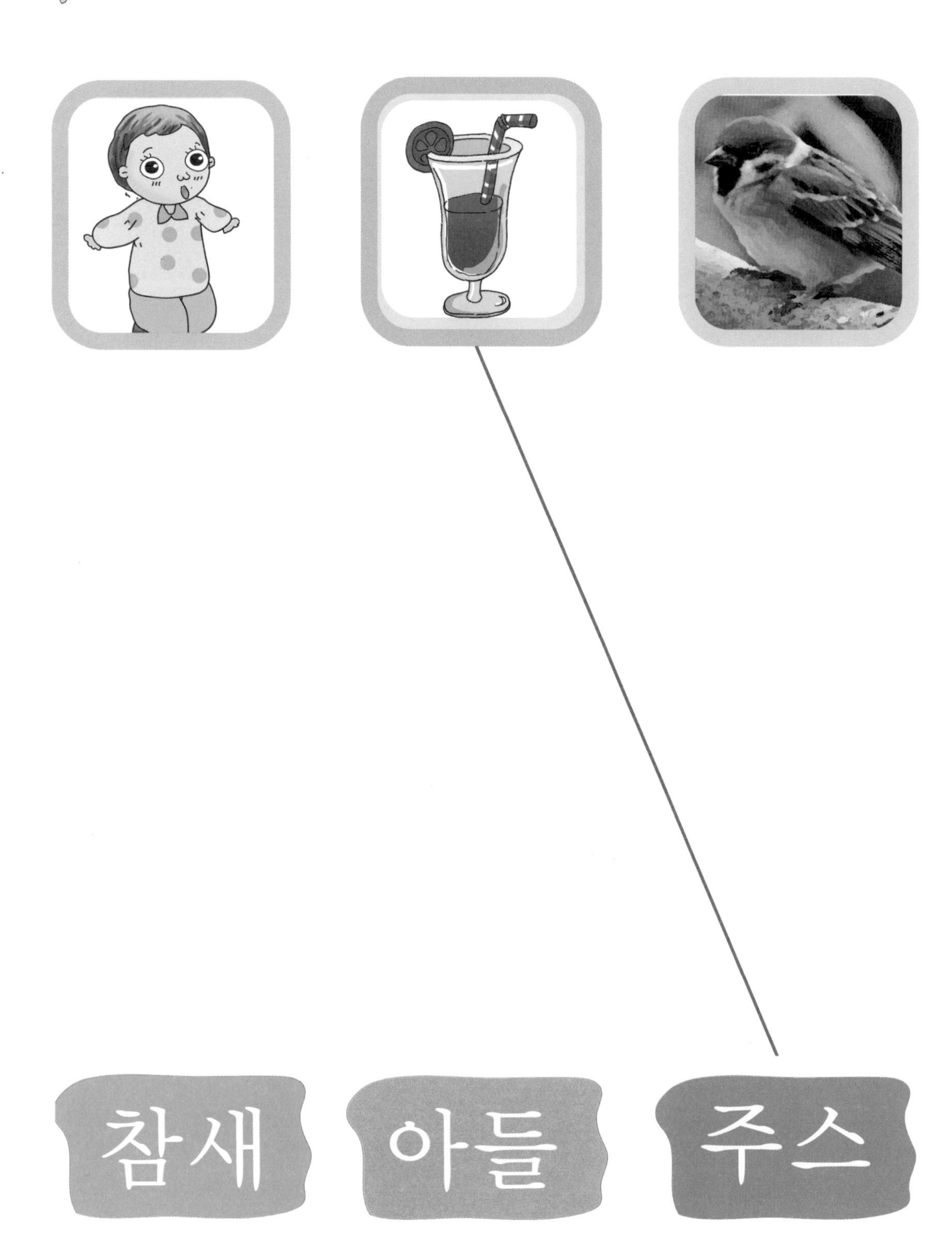

그림을 보고 예쁘게 따라 써 봅시다.

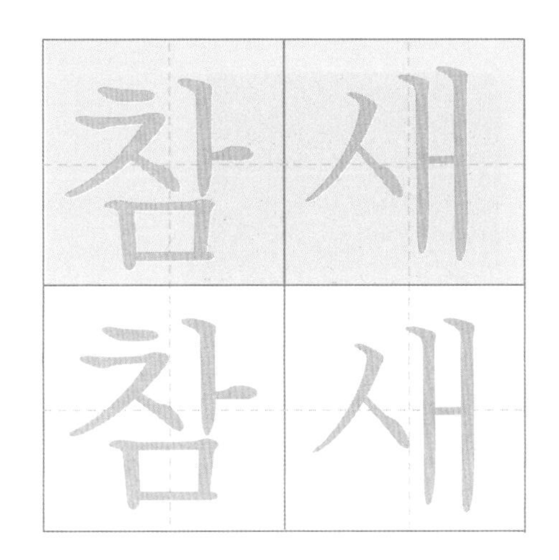

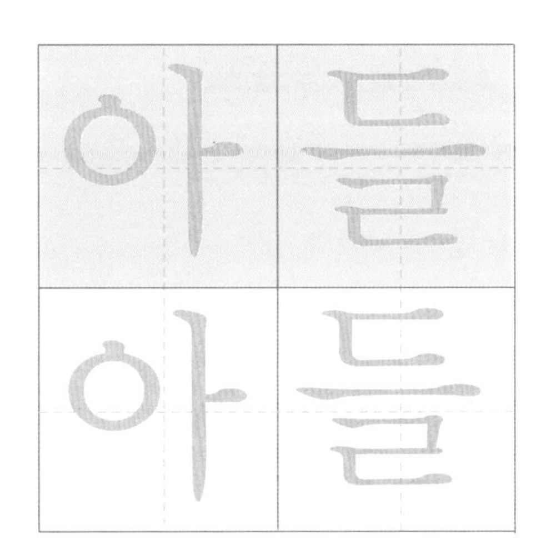

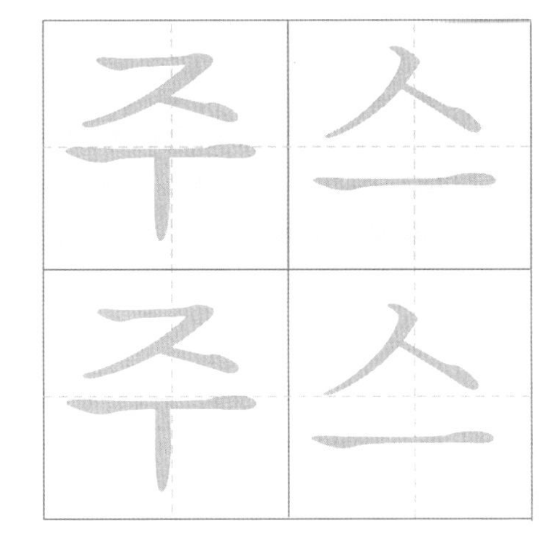

그림과 알맞은 낱말을 선으로 연결하여 봅시다

그림을 보고 예쁘게 따라 써 봅시다.

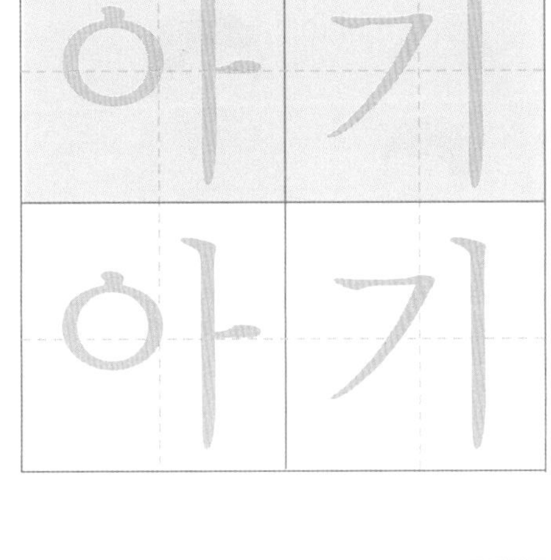

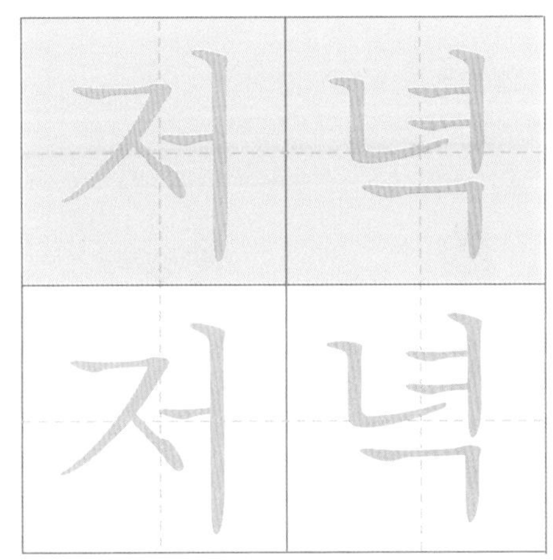

서로 알맞은 것끼리 선으로 연결하여 봅시다.

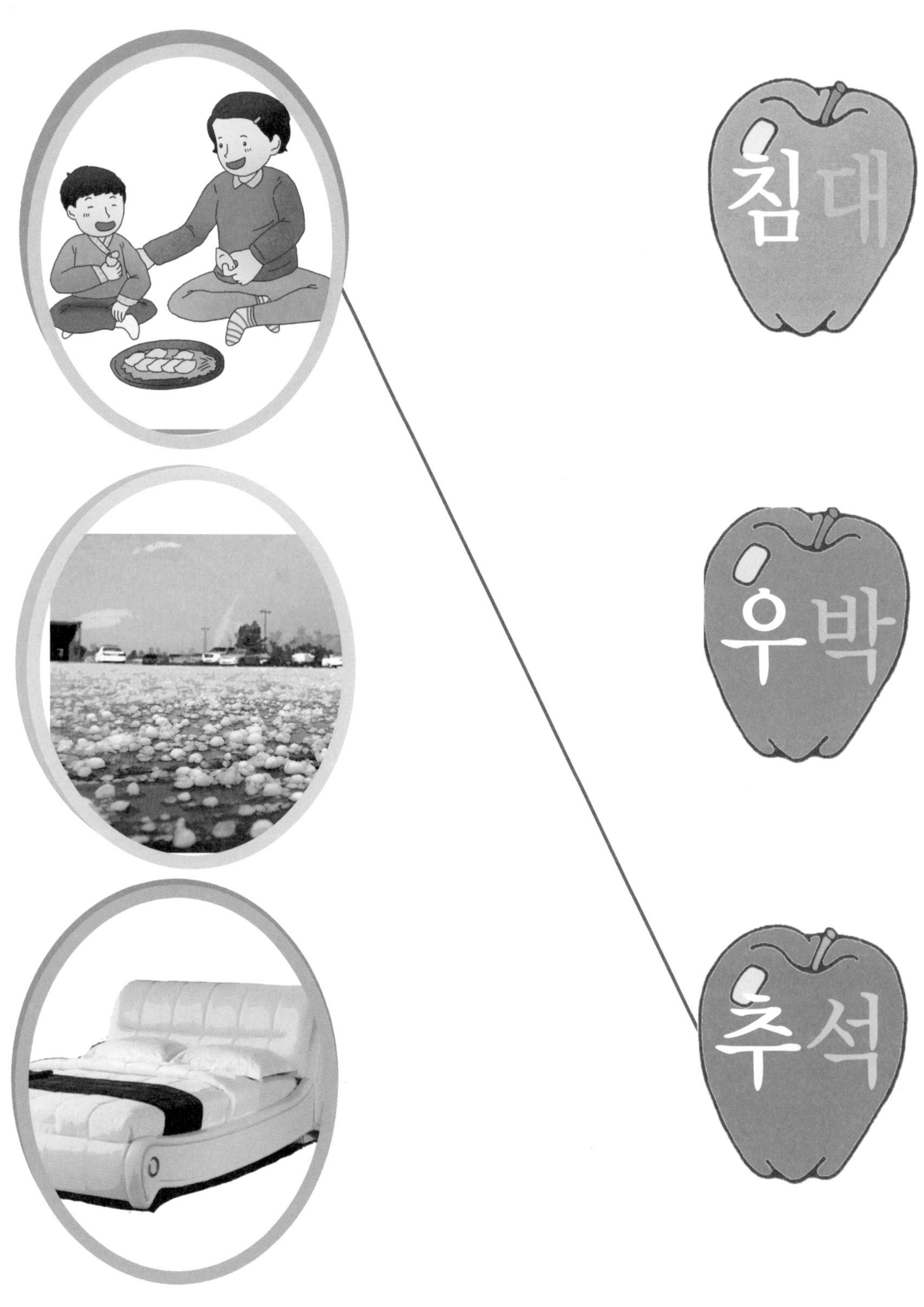

그림을 보고 예쁘게 따라 써 봅시다.

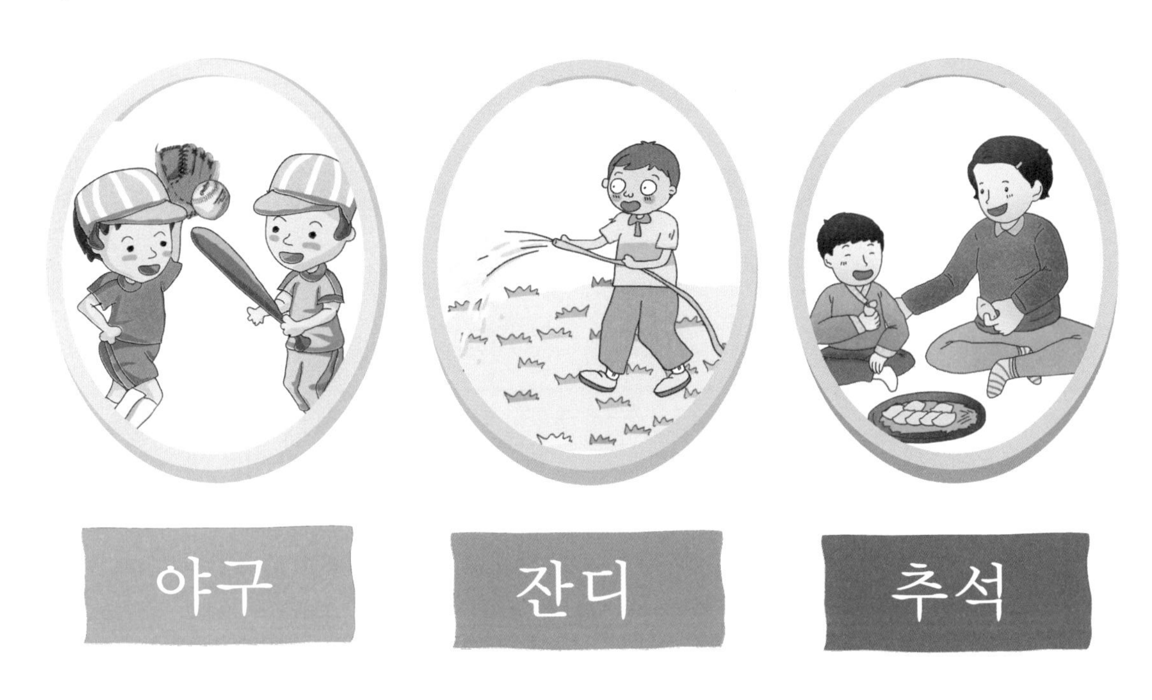

야	구	잔	디	추	석
야	구	잔	디	추	석
야	구	잔	디	추	석

☆그림을 보고 예쁘게 따라 써 봅시다.

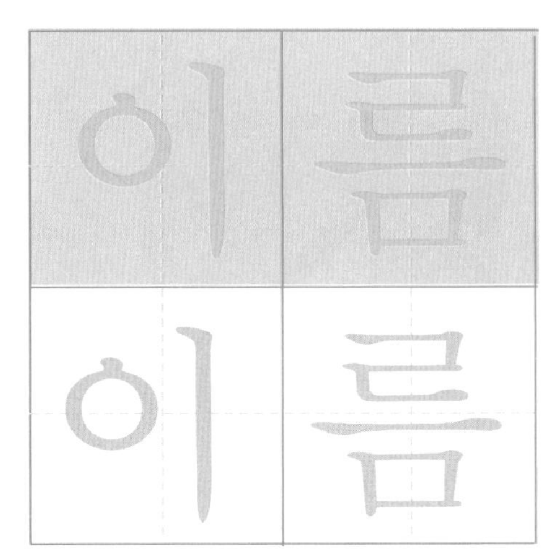

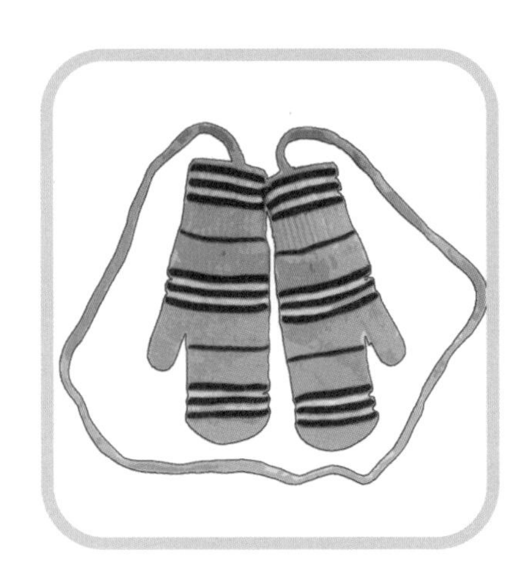

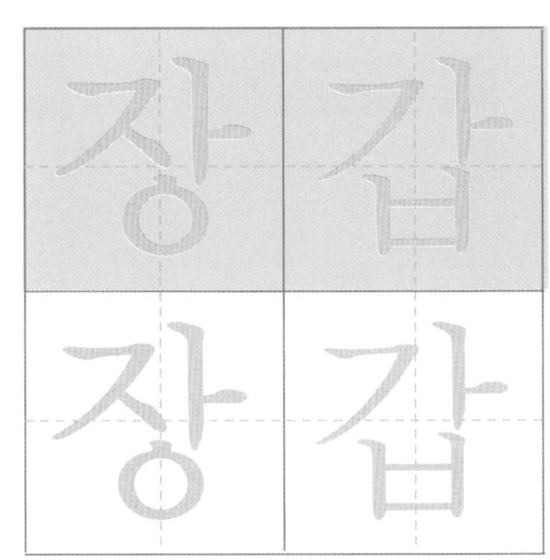

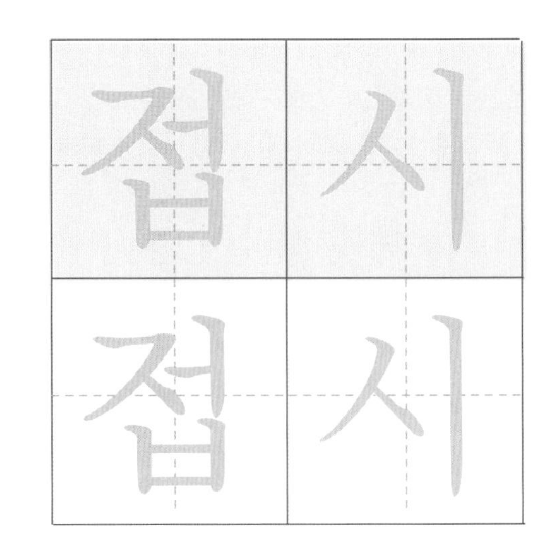

그림을 보고 예쁘게 따라 써 봅시다.

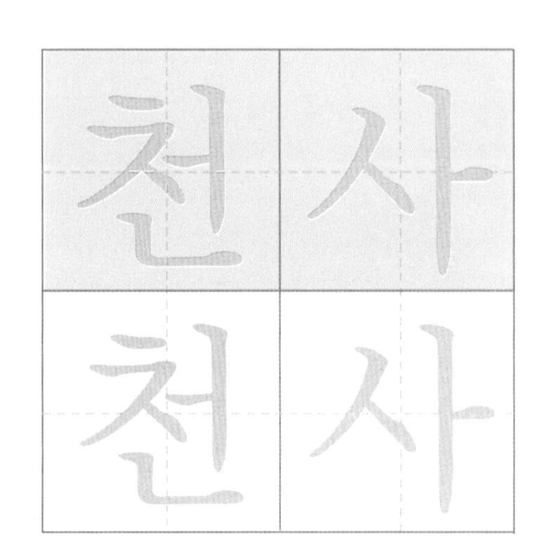

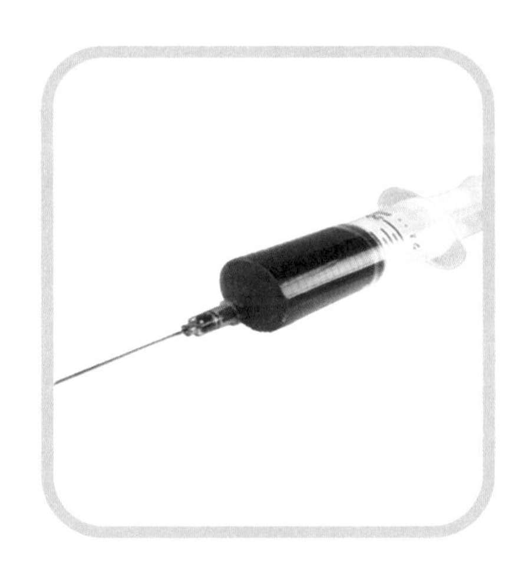

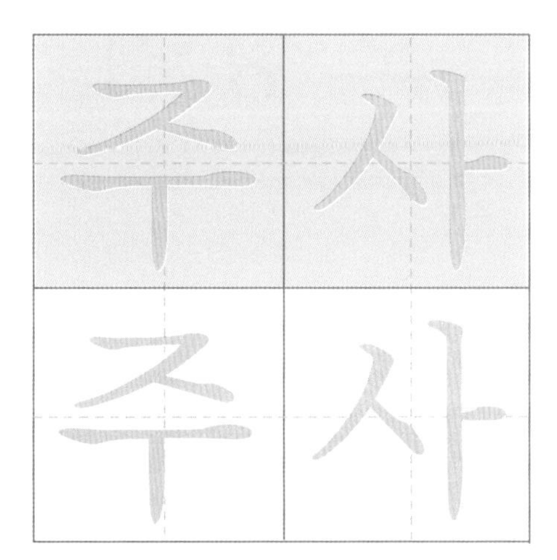

조	개
조	개

'ㅊ' 이 들어간 낱말에 ㅇ표를 해 봅시다.

ㅈ ㅊ'이 들어간 낱말에 ㅇ표를 해 봅시다.

알맞은 것끼리 선으로 연결하여 봅시다.

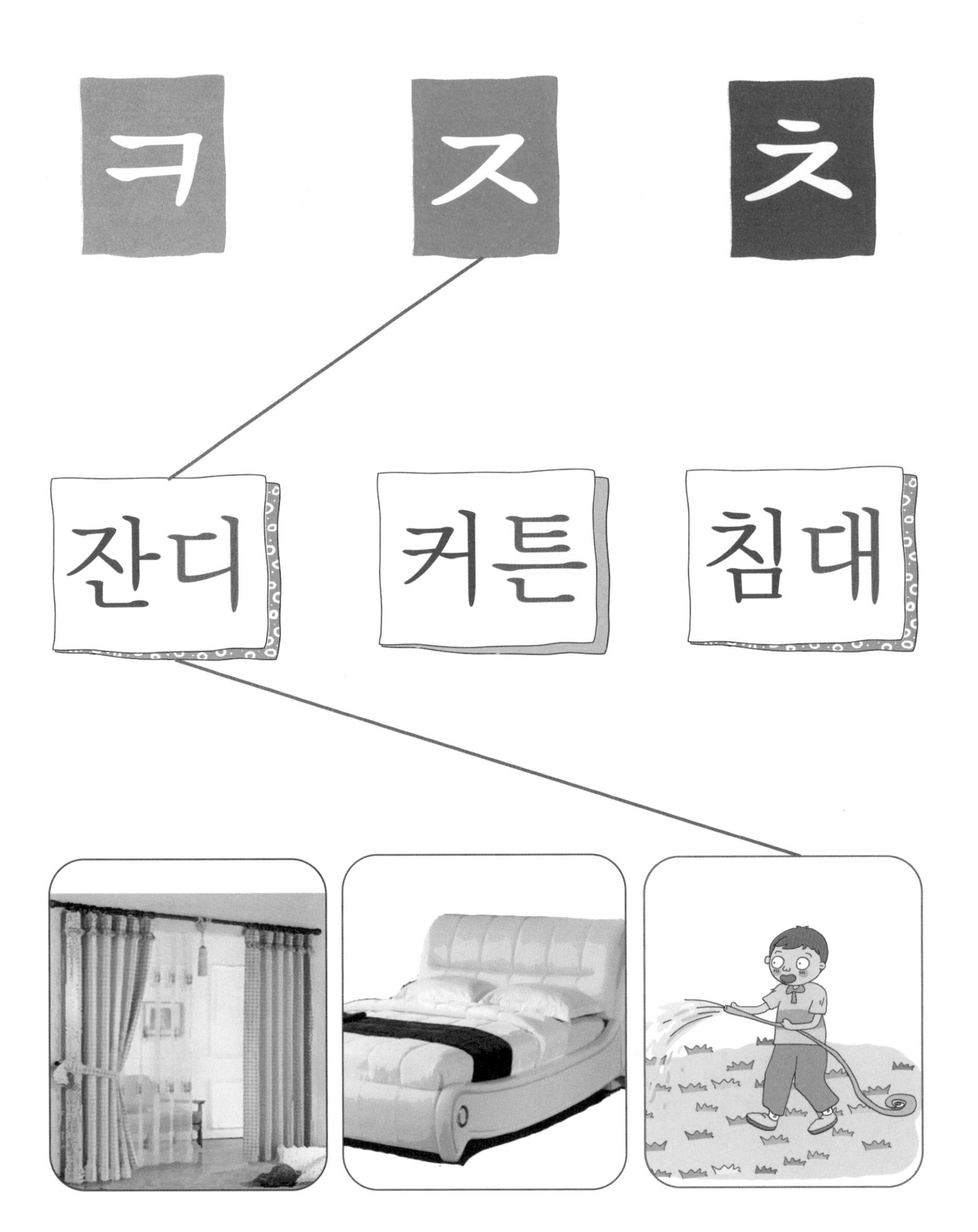

그림을 보고 예쁘게 따라 써 봅시다.

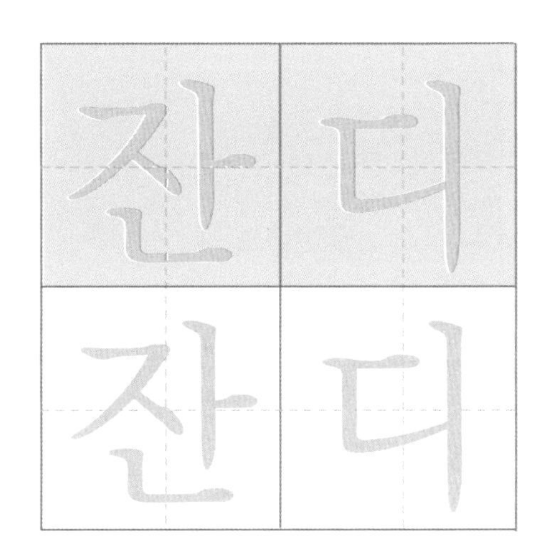

 아래 낱말을 예쁘게 따라 써 봅시다.

차	표
차	표
차	표

창	문
창	문
창	문

참	새
참	새
참	새

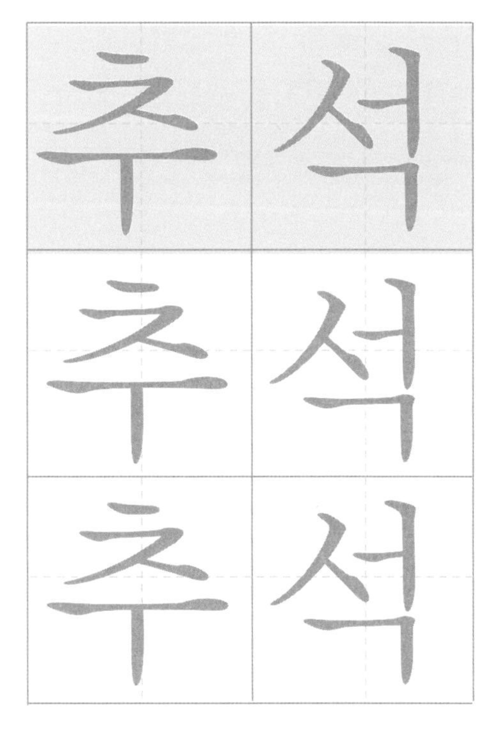

아래 낱말을 예쁘게 따라 써 봅시다.

치	마
치	마
치	마

치	즈
치	즈
치	즈

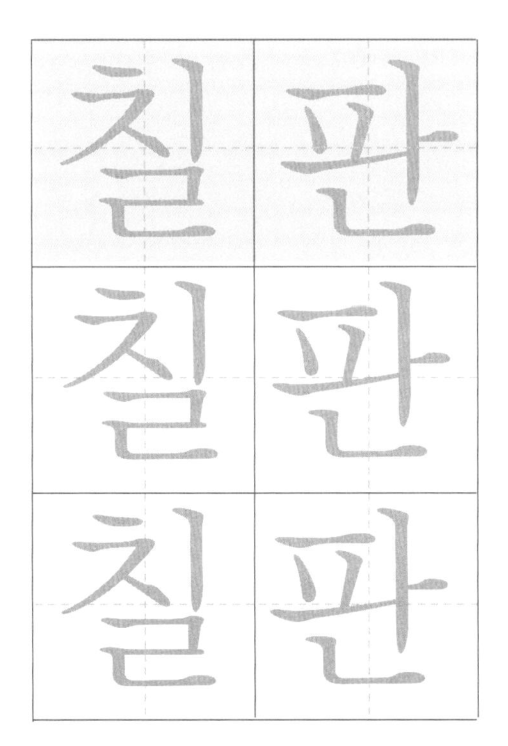

침	대
침	대
침	대

색연필로 빈칸에 **ㅋ**을 예쁘게 써 봅시다.

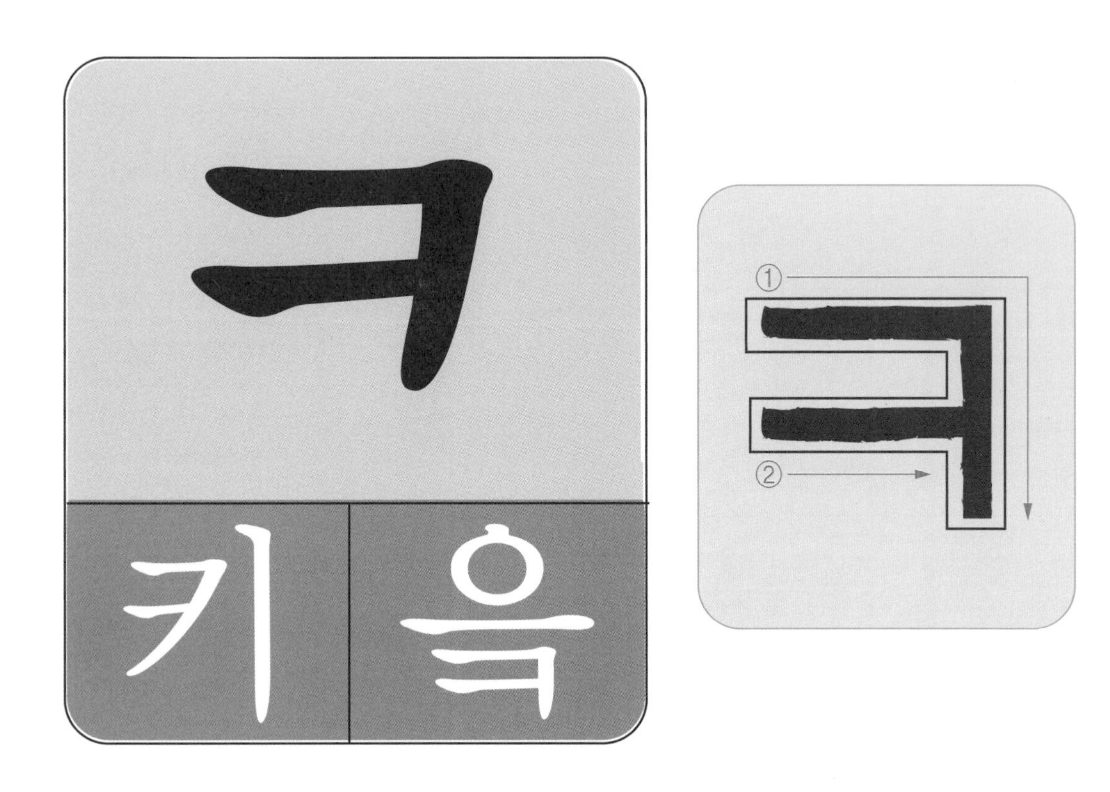

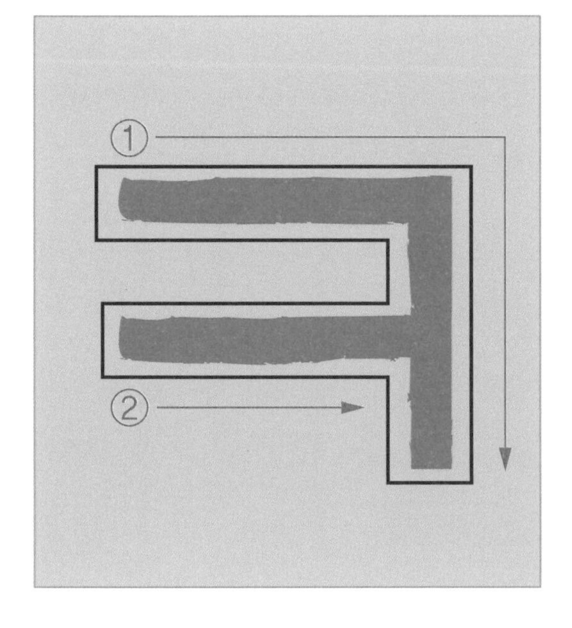

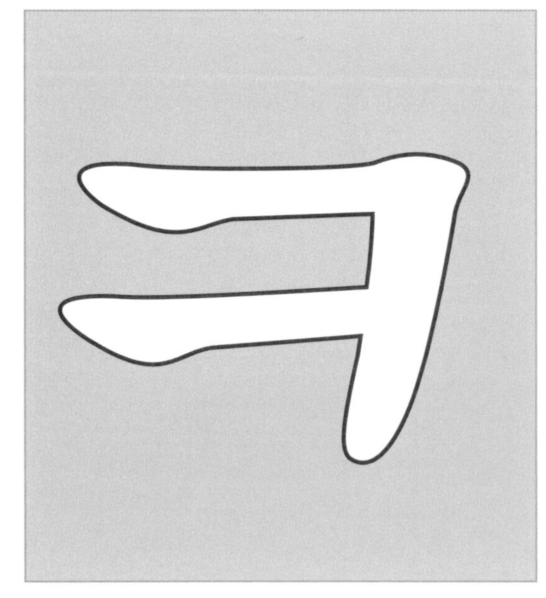

 색연필로 빈칸에 ㅋ을 예쁘게 써 봅시다.

화살표를 따라가며 ㅊ~ㅍ까지의 자음 순서를 알아 봅시다.

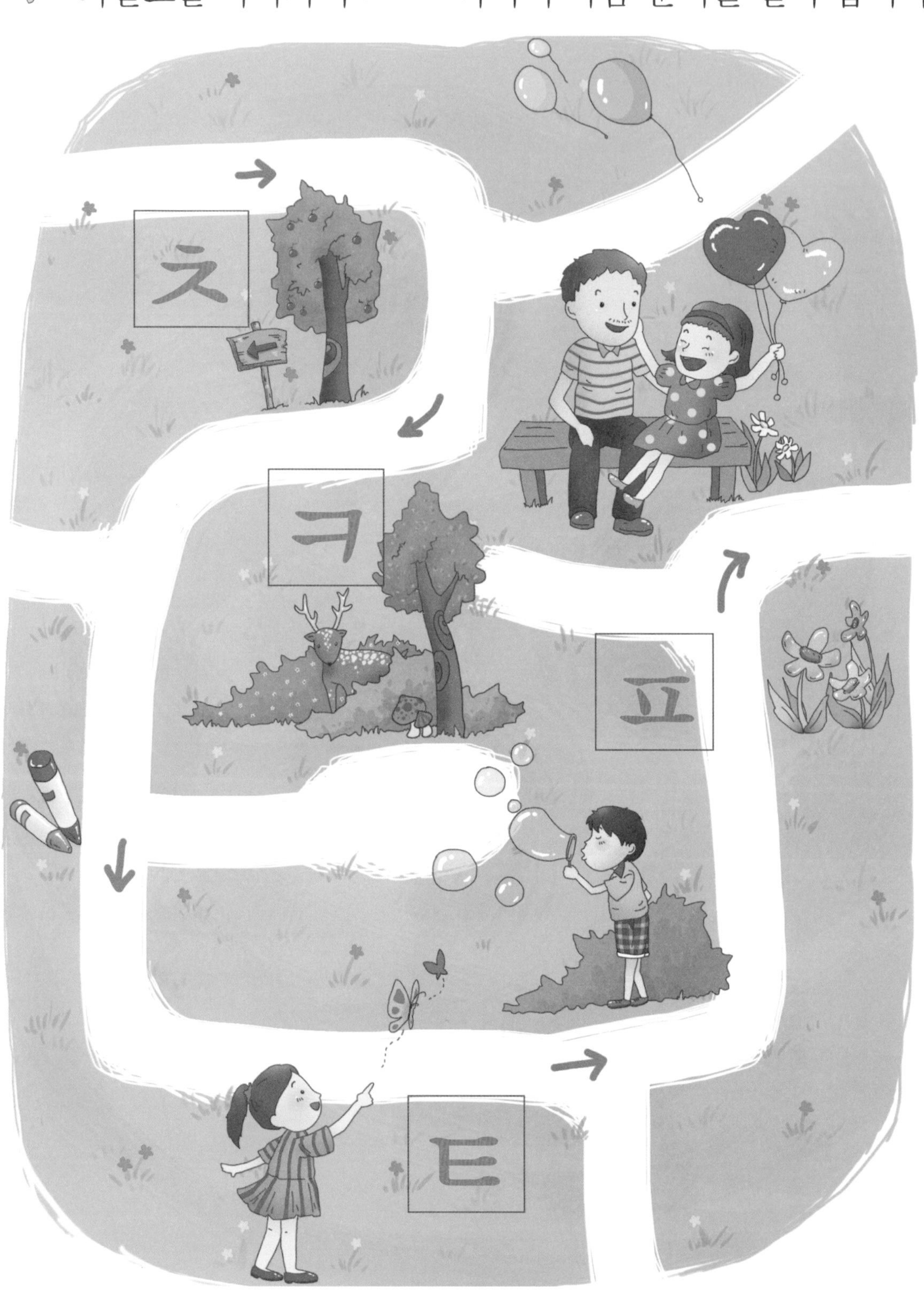

자음 'ㅈ ㅊ ㅋ'을 따라 써 봅시다.

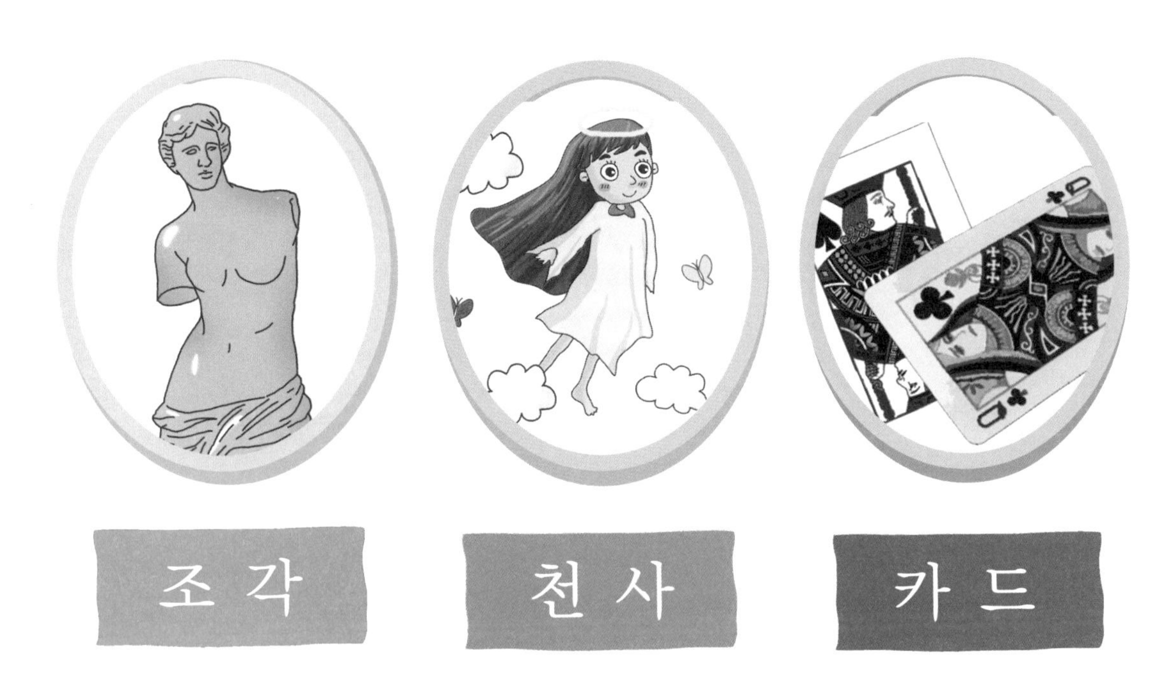

조각 천사 카드

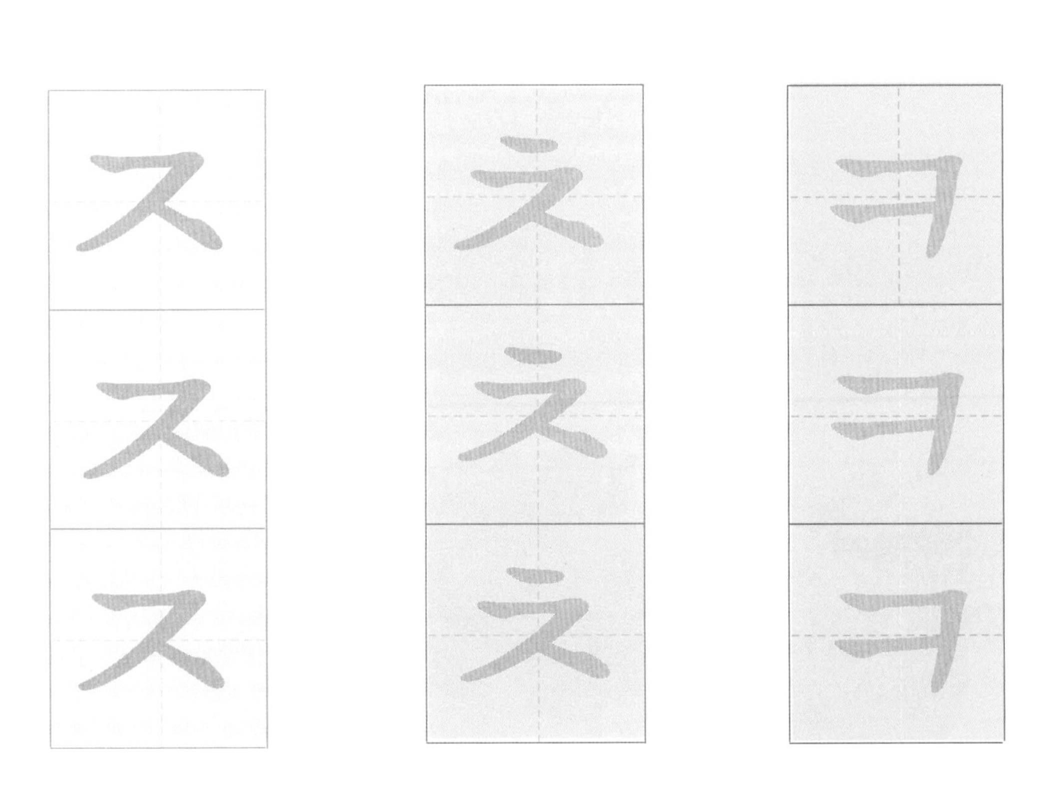

'ㅈ ㅊ ㅋ'이 들어간 글자를 선으로 연결하여 봅시다.

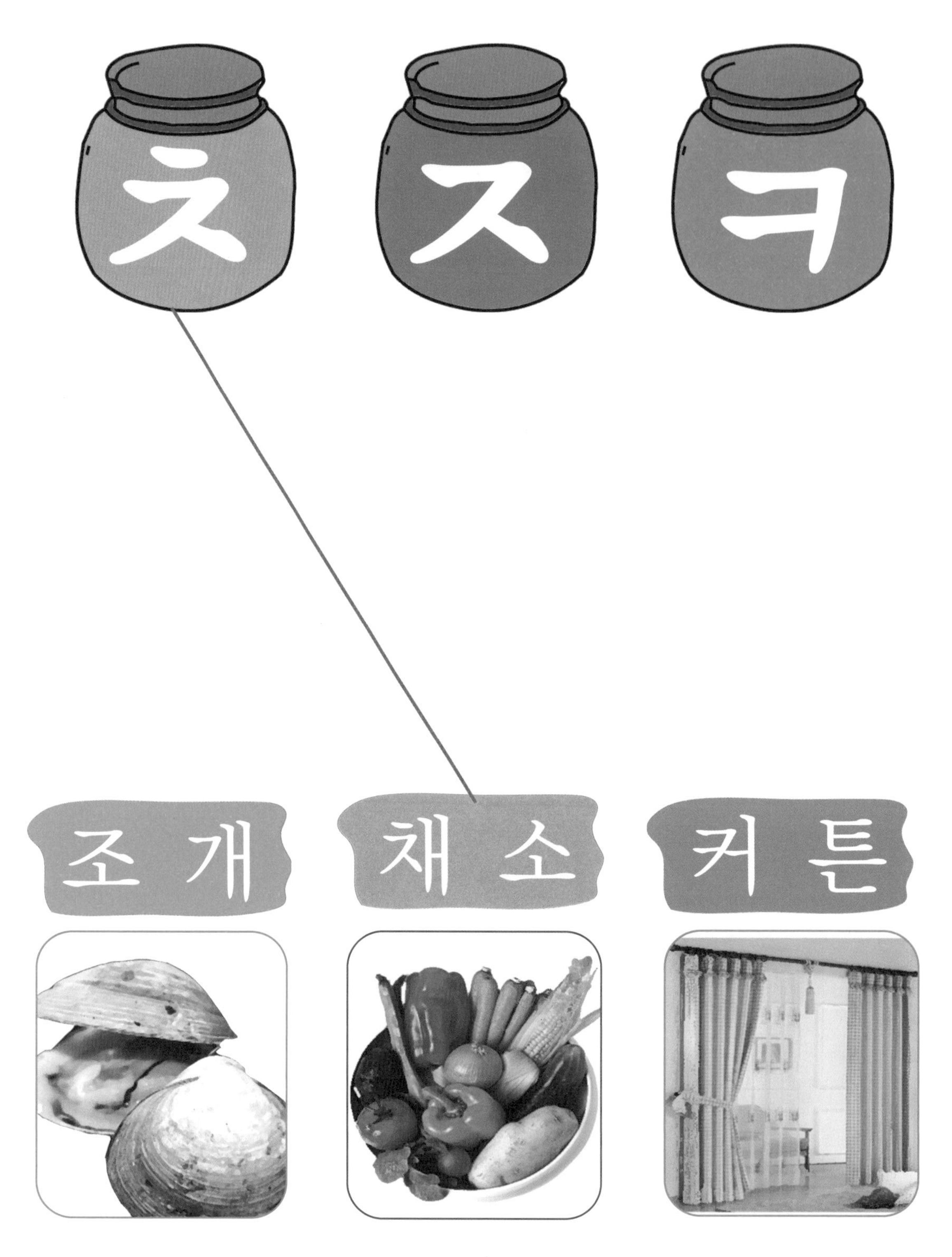

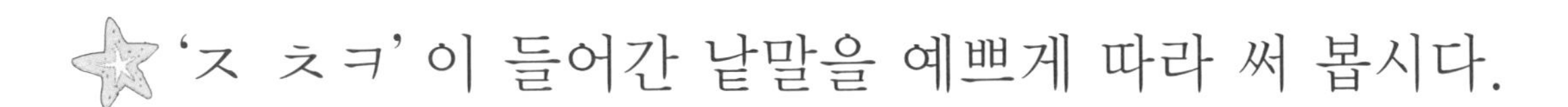

'ㅈ ㅊㅋ' 이 들어간 낱말을 예쁘게 따라 써 봅시다.

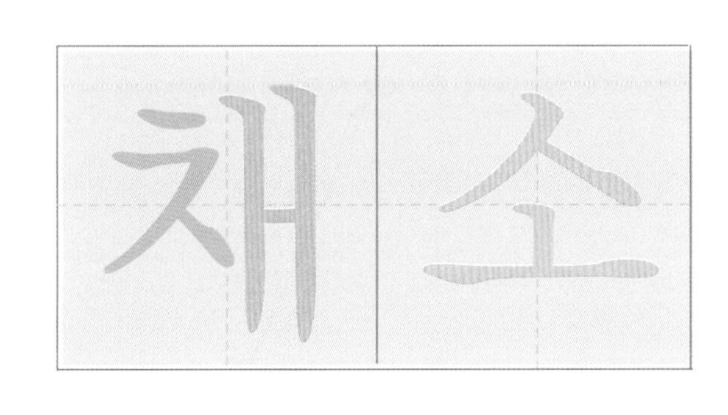

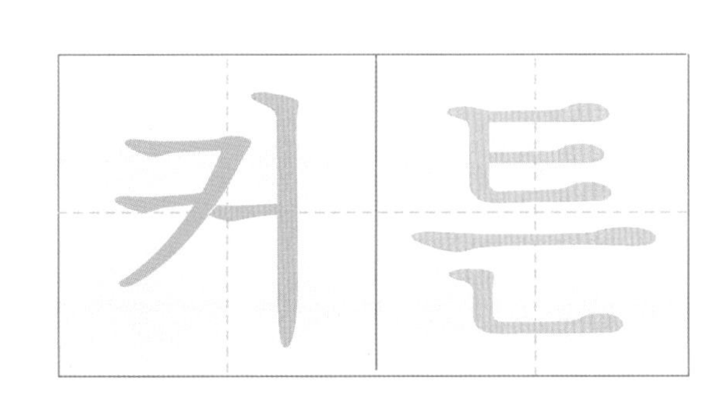

그림과 알맞은 낱말을 선으로 연결하여 봅시다

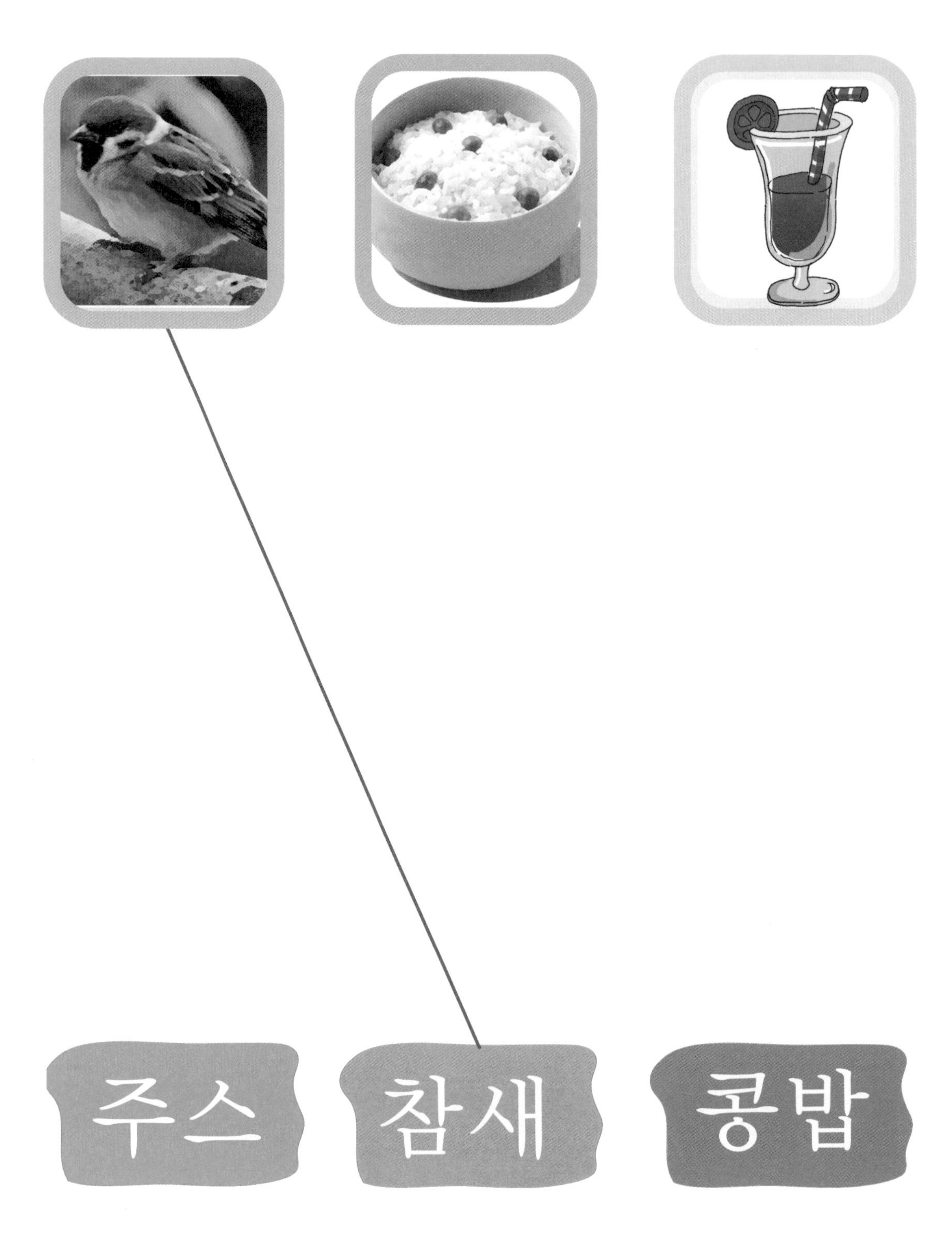

 그림을 보고 예쁘게 따라 써 봅시다.

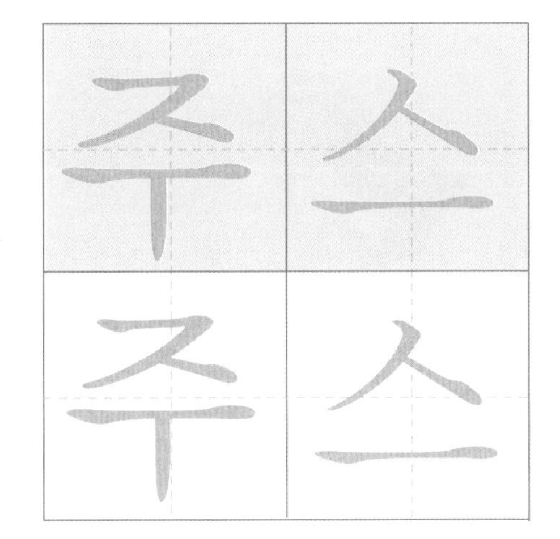

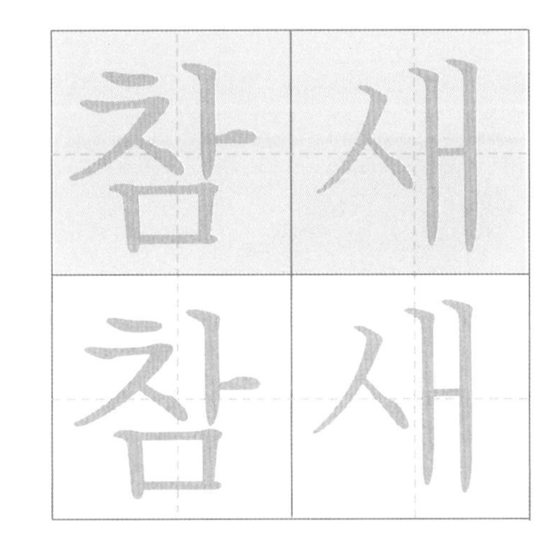

콩	밥
콩	밥

그림과 알맞은 낱말을 선으로 연결하여 봅시다

그림을 보고 예쁘게 따라 써 봅시다.

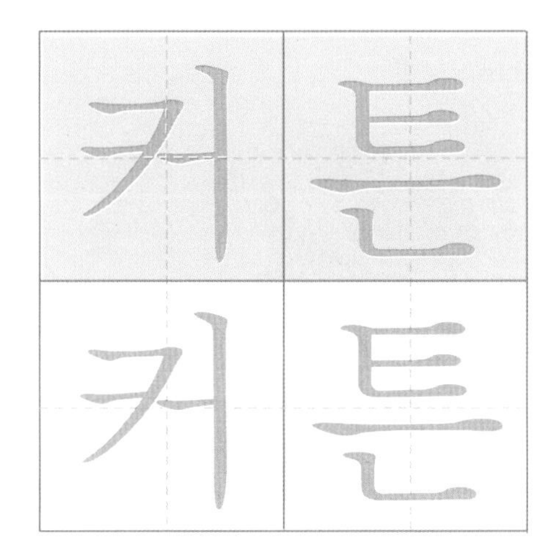

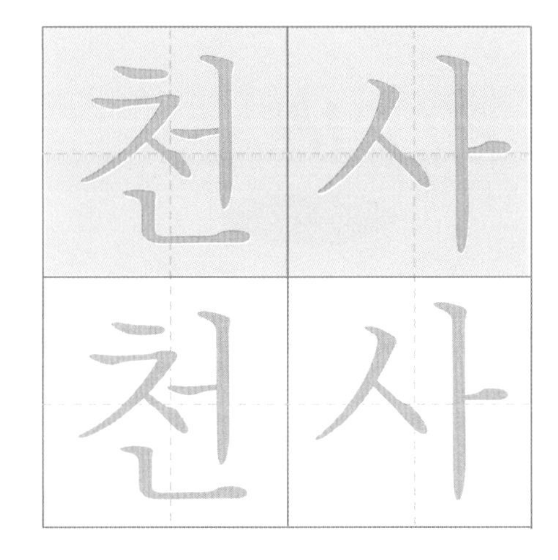

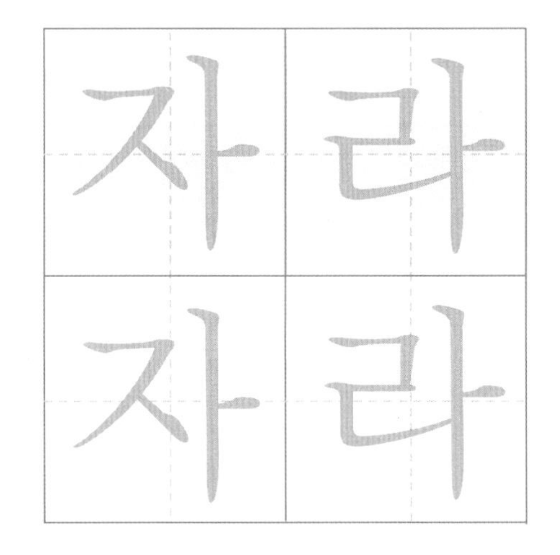

서로 맞은 것끼리 선으로 연결하여 봅시다.

그림을 보고 예쁘게 따라 써 봅시다.

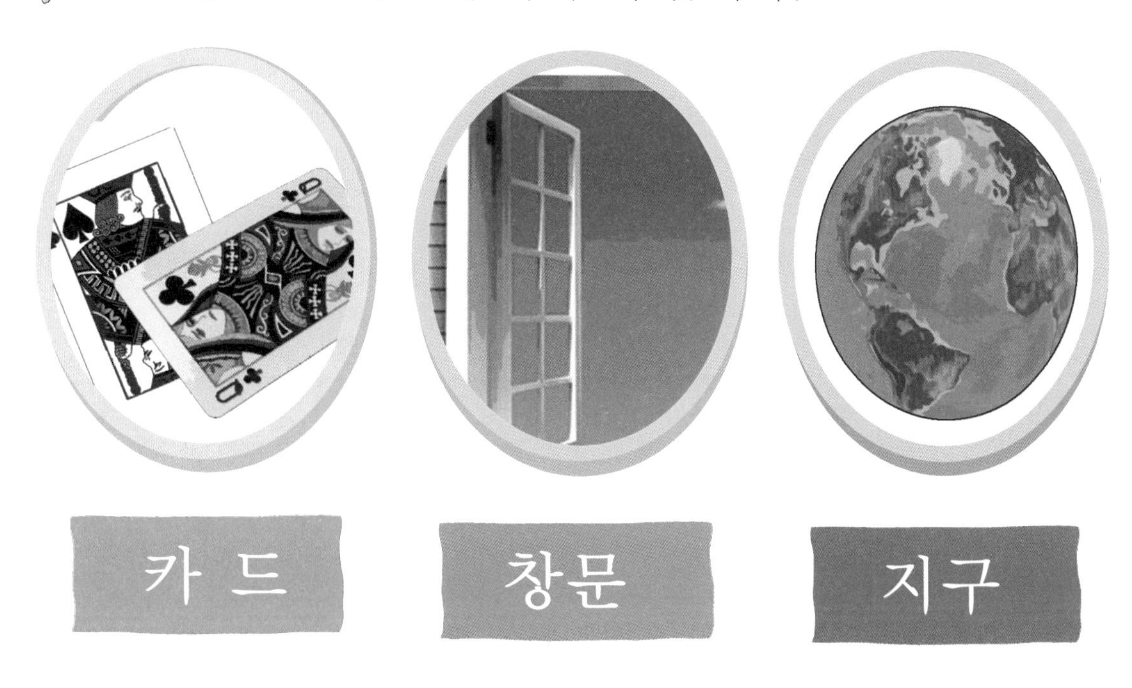

카	드	창	문	지	구
카	드	창	문	지	구
카	드	창	문	지	구

그림을 보고 예쁘게 따라 써 봅시다.

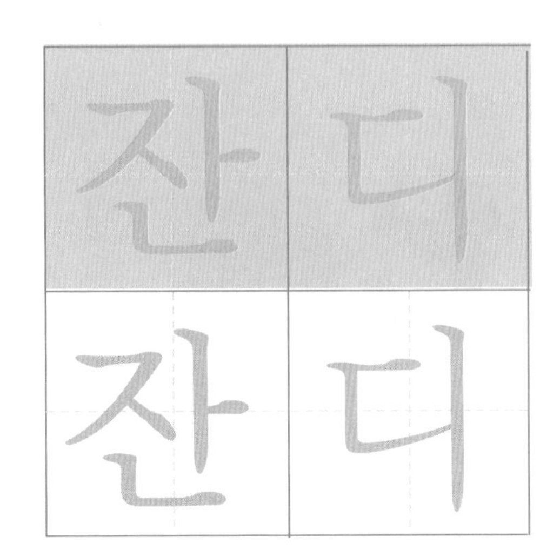

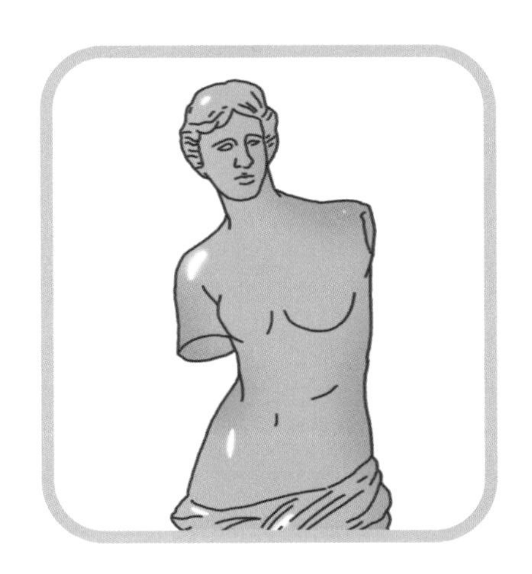

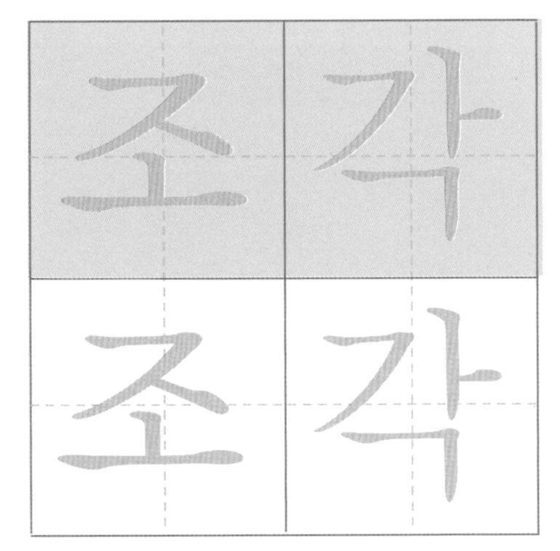

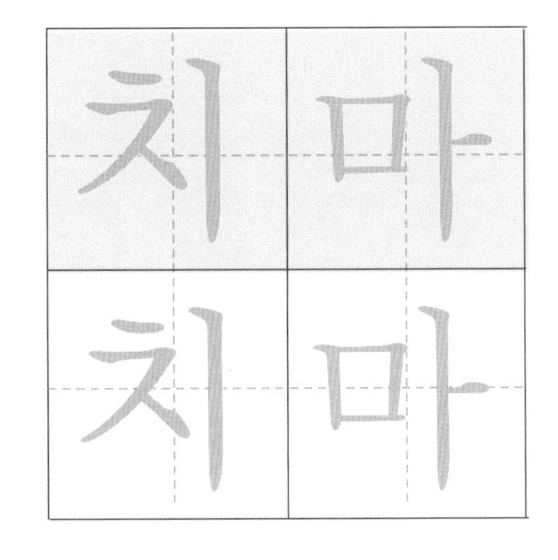

☆ 그림을 보고 예쁘게 따라 써 봅시다.

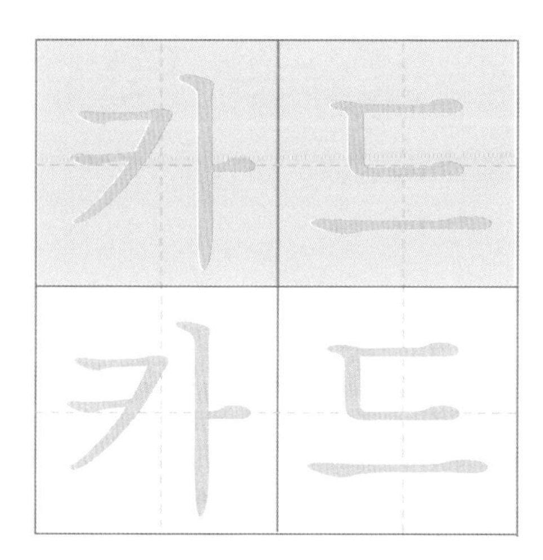

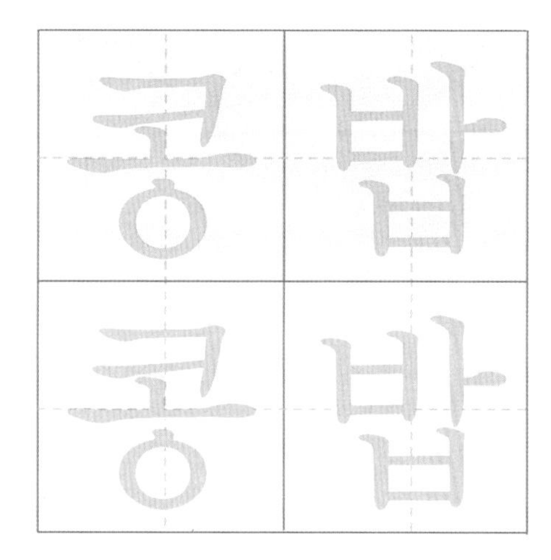

'ㅋ'이 들어간 낱말에 ○표를 해 봅시다.

 'ㅊ ㅋ'이 들어간 낱말에 ㅇ표를 해 봅시다.

알맞은 것끼리 선으로 연결하여 봅시다.

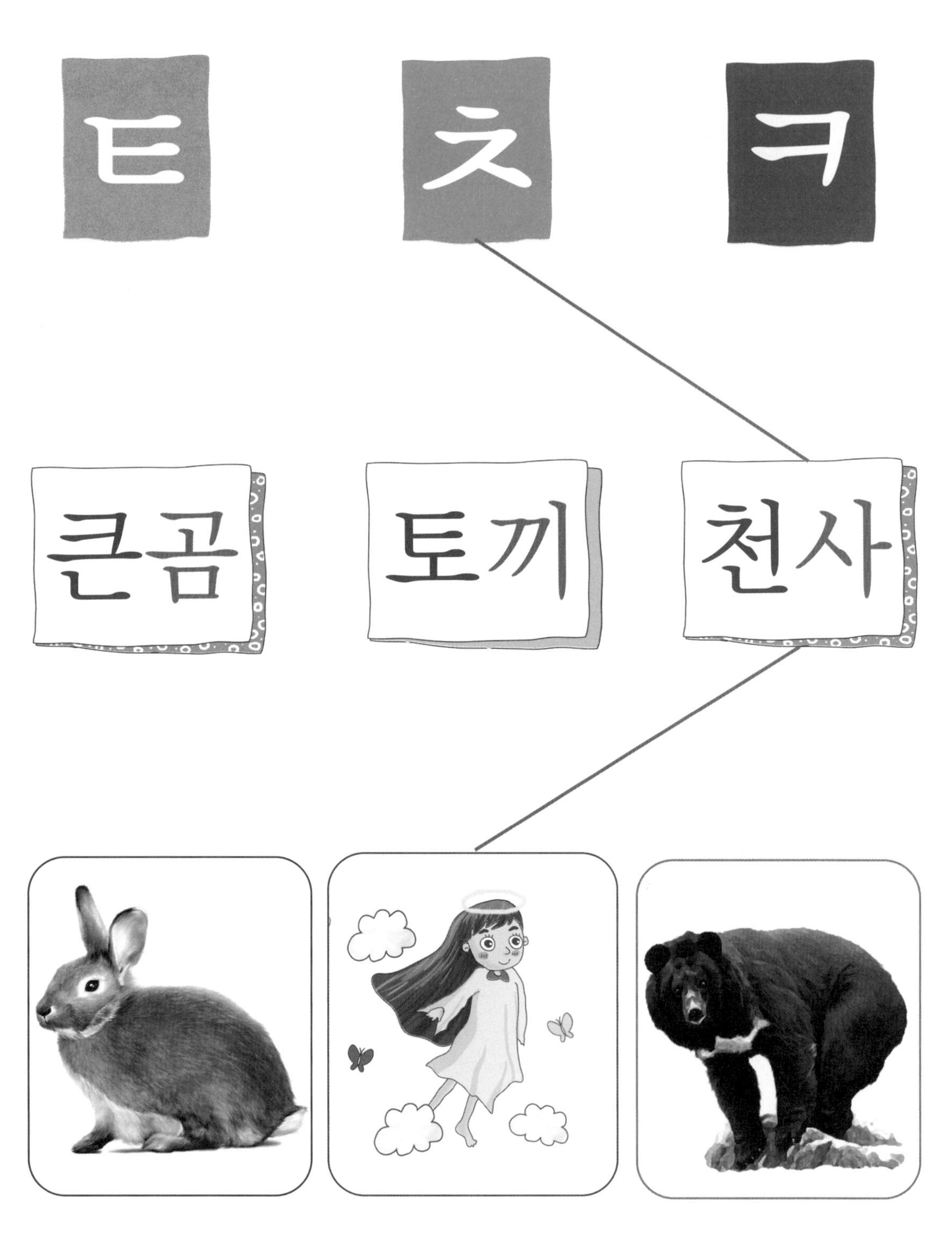

그림을 보고 예쁘게 따라 써 봅시다.

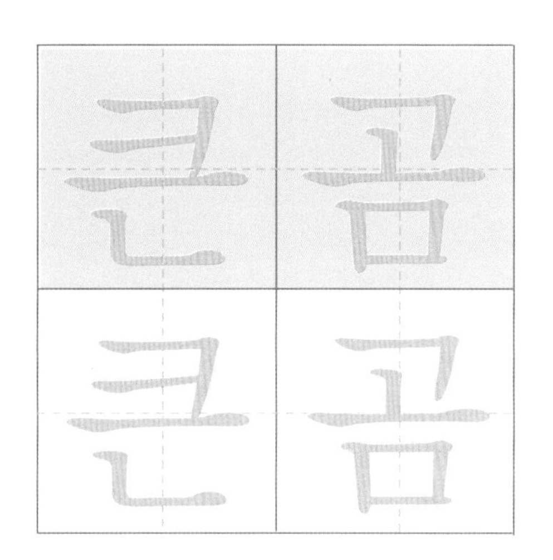

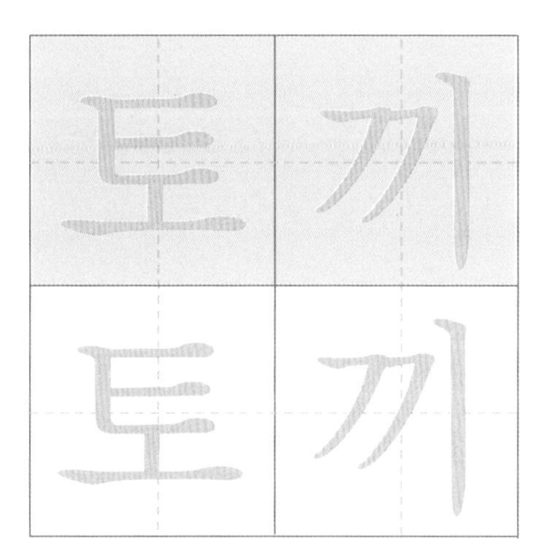

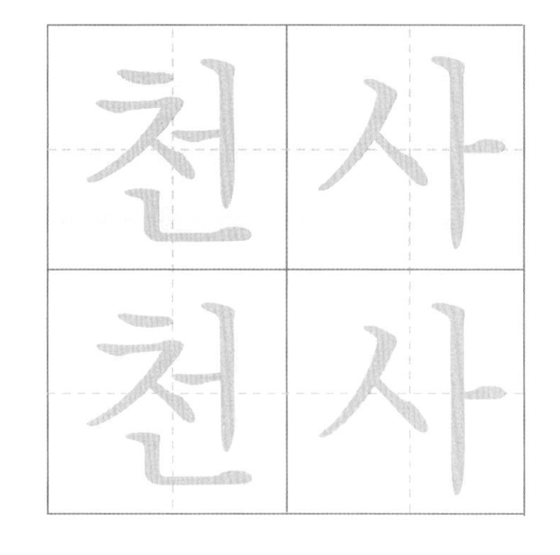

아래 낱말을 예쁘게 따라 써 봅시다.

타	잔
타	잔
타	잔

타	조
타	조
타	조

탁	구
탁	구
탁	구

태	양
태	양
태	양

아래 낱말을 예쁘게 따라 써 봅시다.

택	시
택	시
택	시

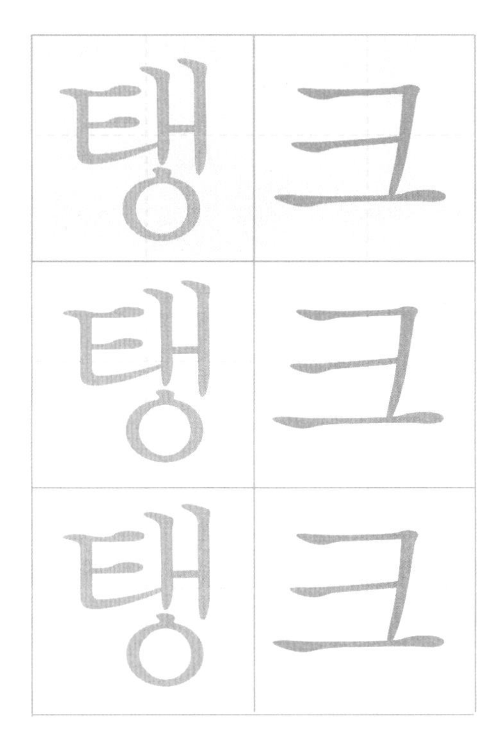

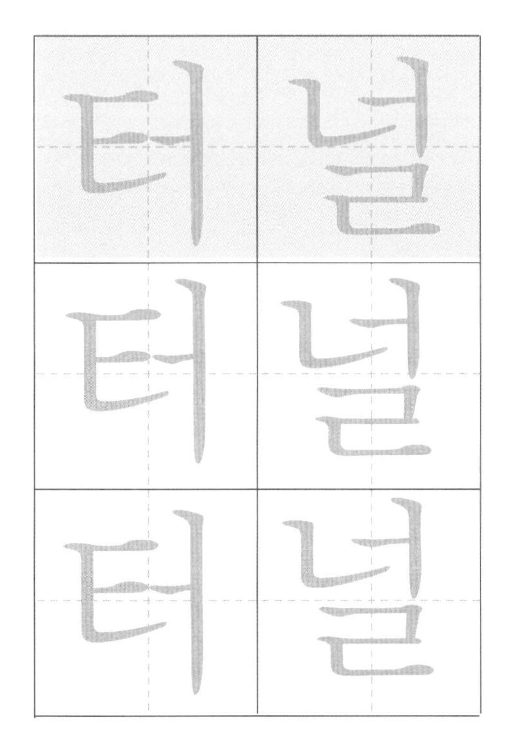

토	끼
토	끼
토	끼

색연필로 빈칸에 ㅌ을 예쁘게 써 봅시다.

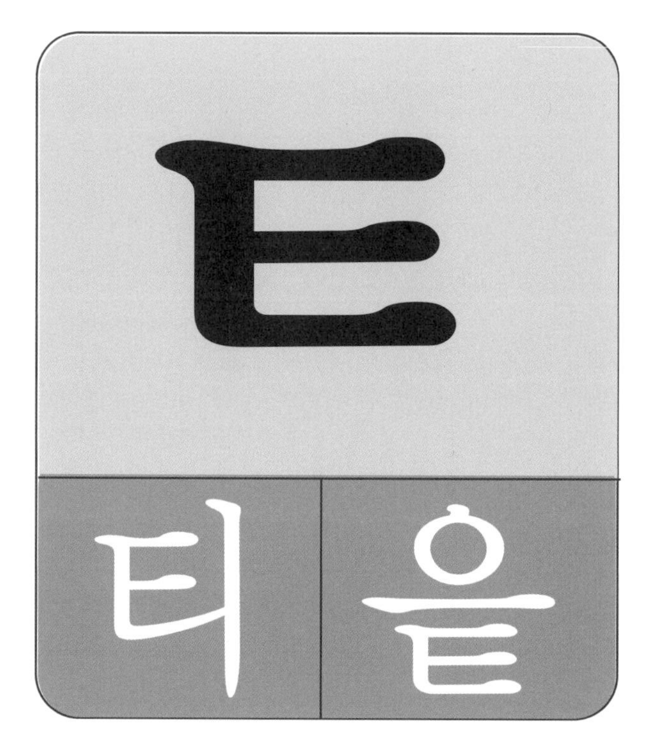

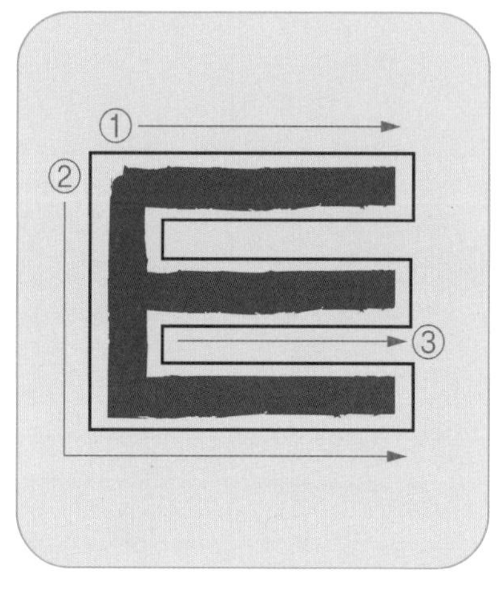

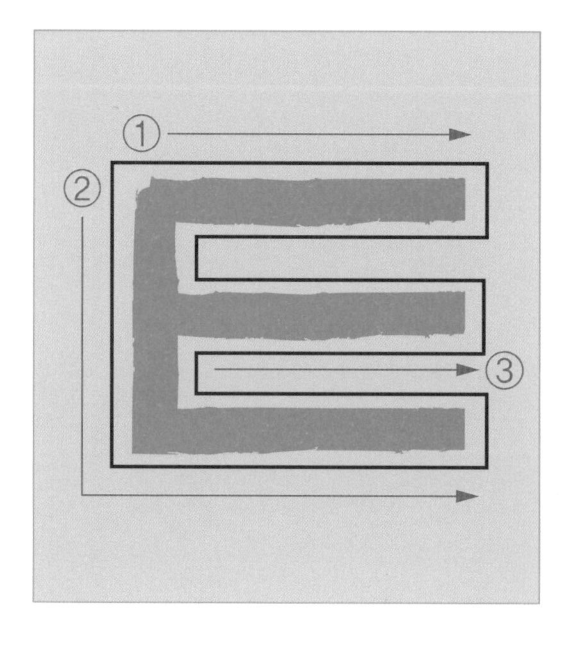

색연필로 빈칸에 ㅌ을 예쁘게 써 봅시다.

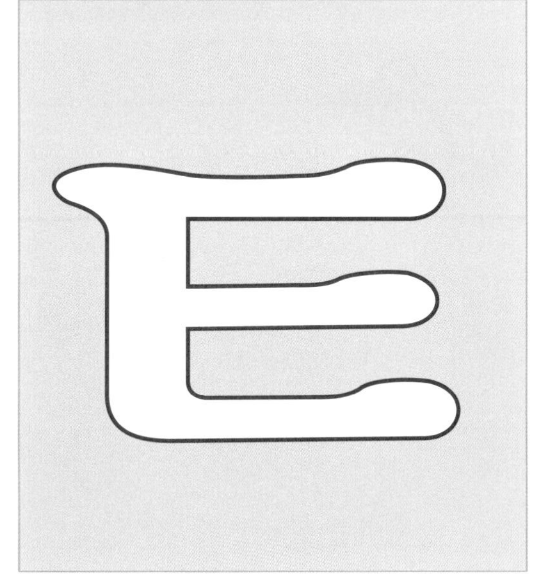

징검다리를 건너가며 ㅋ ㅌ ㅍ ㅎ의 순서를 알아 봅시다.

☆ 자음 'ㅊ ㅋ ㅌ'을 따라 써 봅시다.

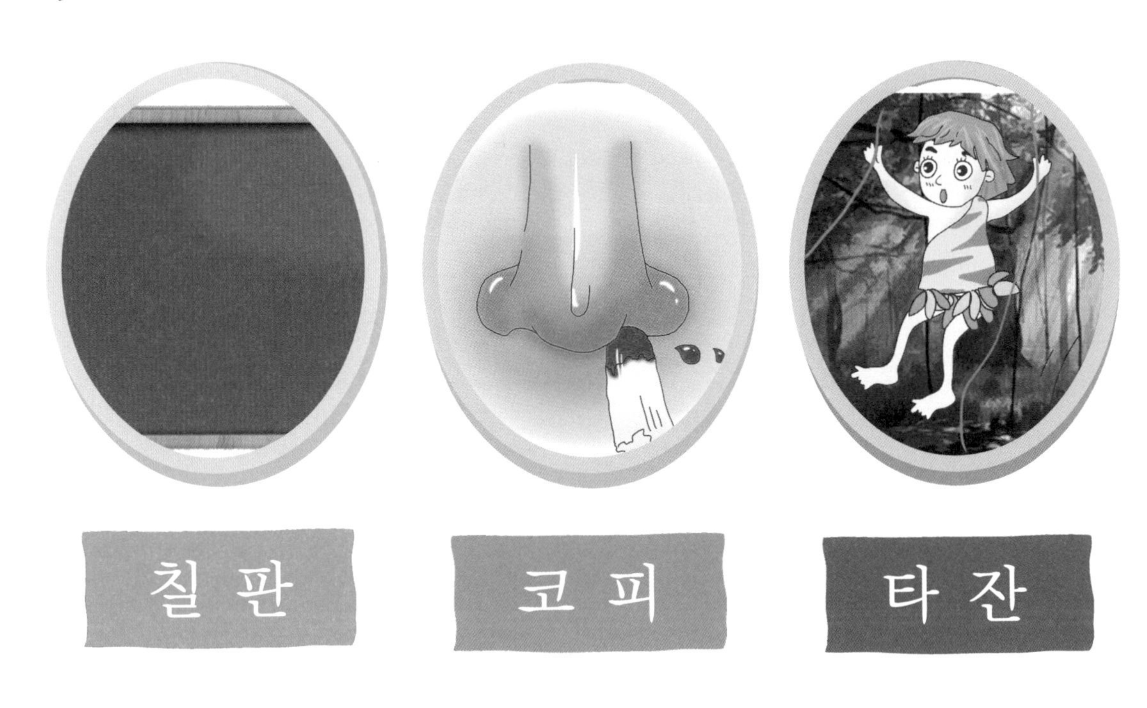

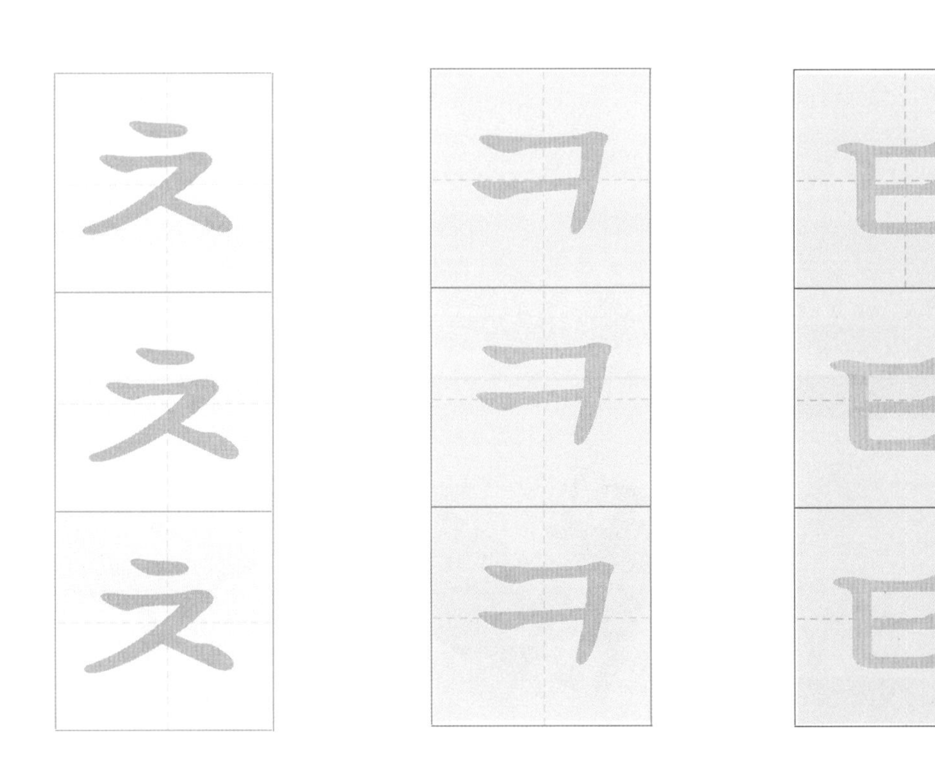

'ㅊ ㅋ ㅌ'이 들어간 글자를 선으로 연결해 봅시다.

차표 카드 타조

'ㅊ ㅋ ㅌ'이 들어간 낱말을 예쁘게 따라 써 봅시다.

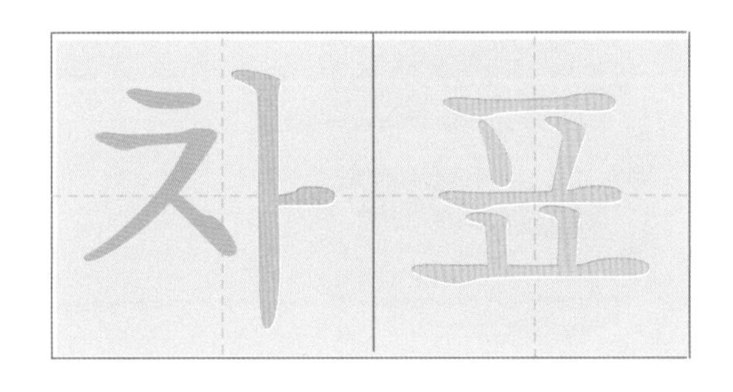

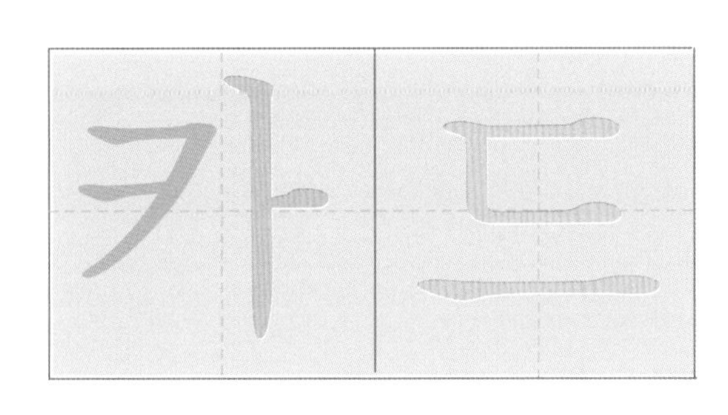

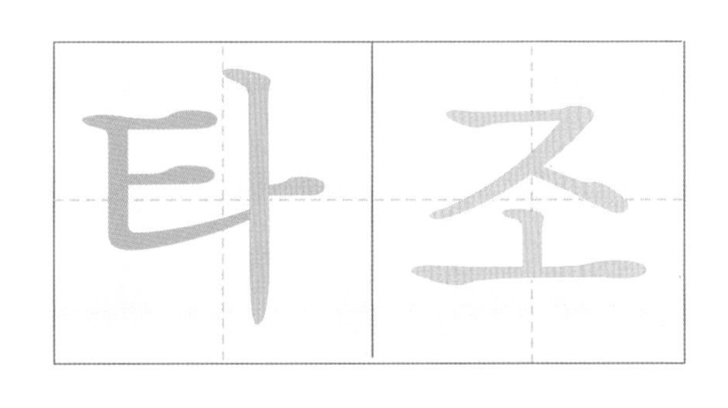

그림과 알맞은 낱말을 선으로 연결하여 봅시다.

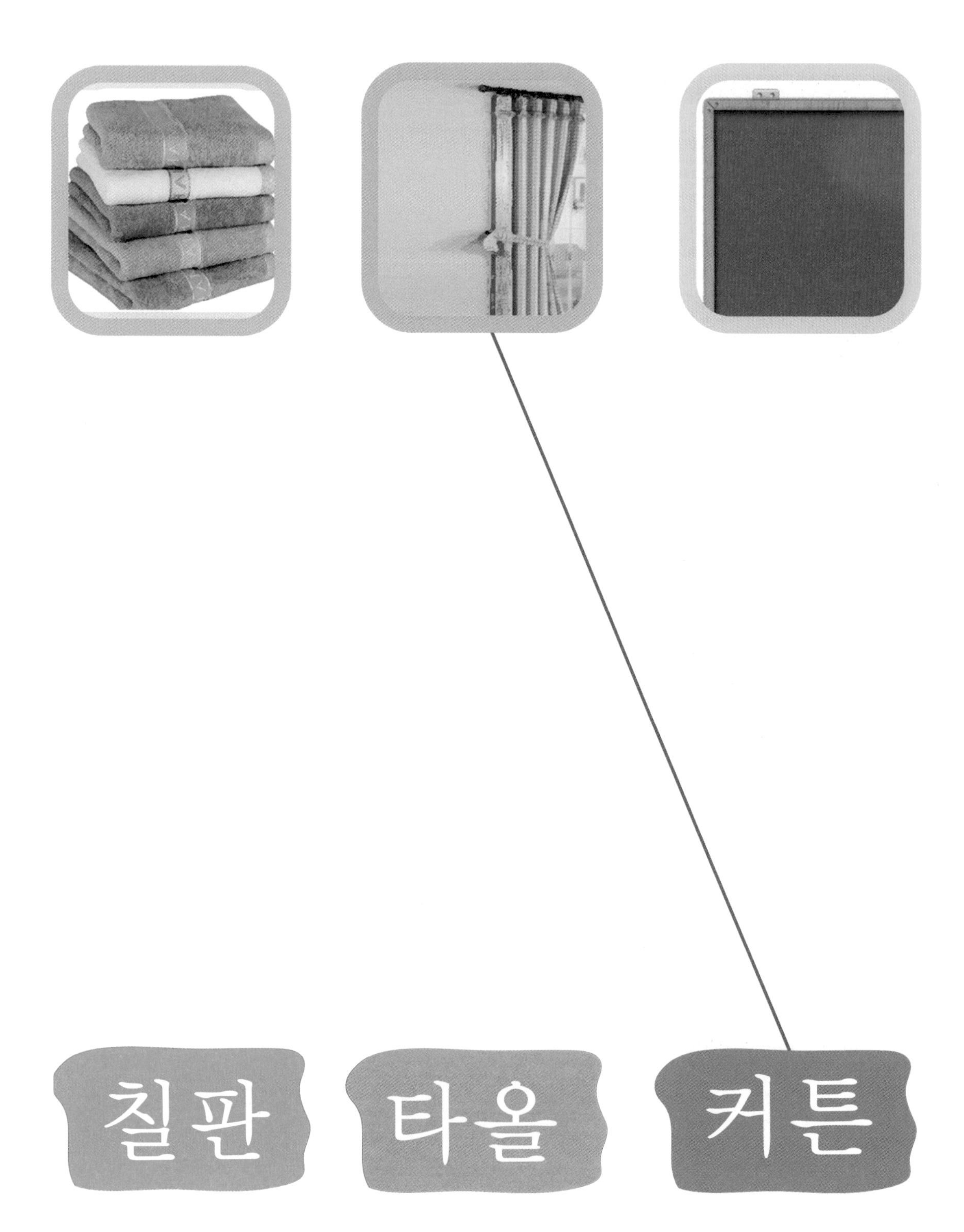

그림을 보고 예쁘게 따라 써 봅시다.

커튼

커튼

그림과 알맞은 낱말을 선으로 연결하여 봅시다.

그림을 보고 예쁘게 따라 써 봅시다.

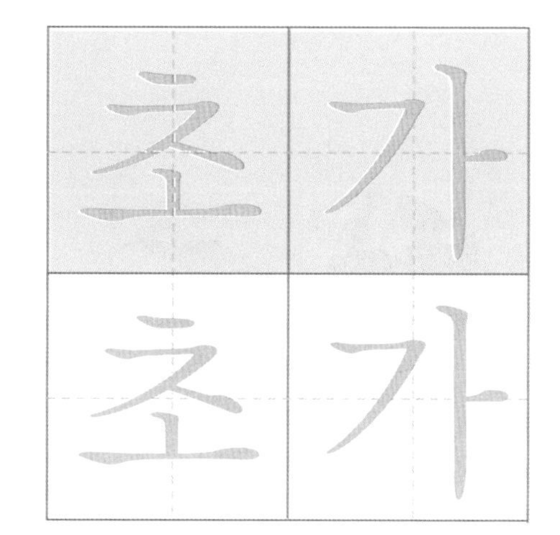

서로 맞은 것끼리 선으로 연결하여 봅시다.

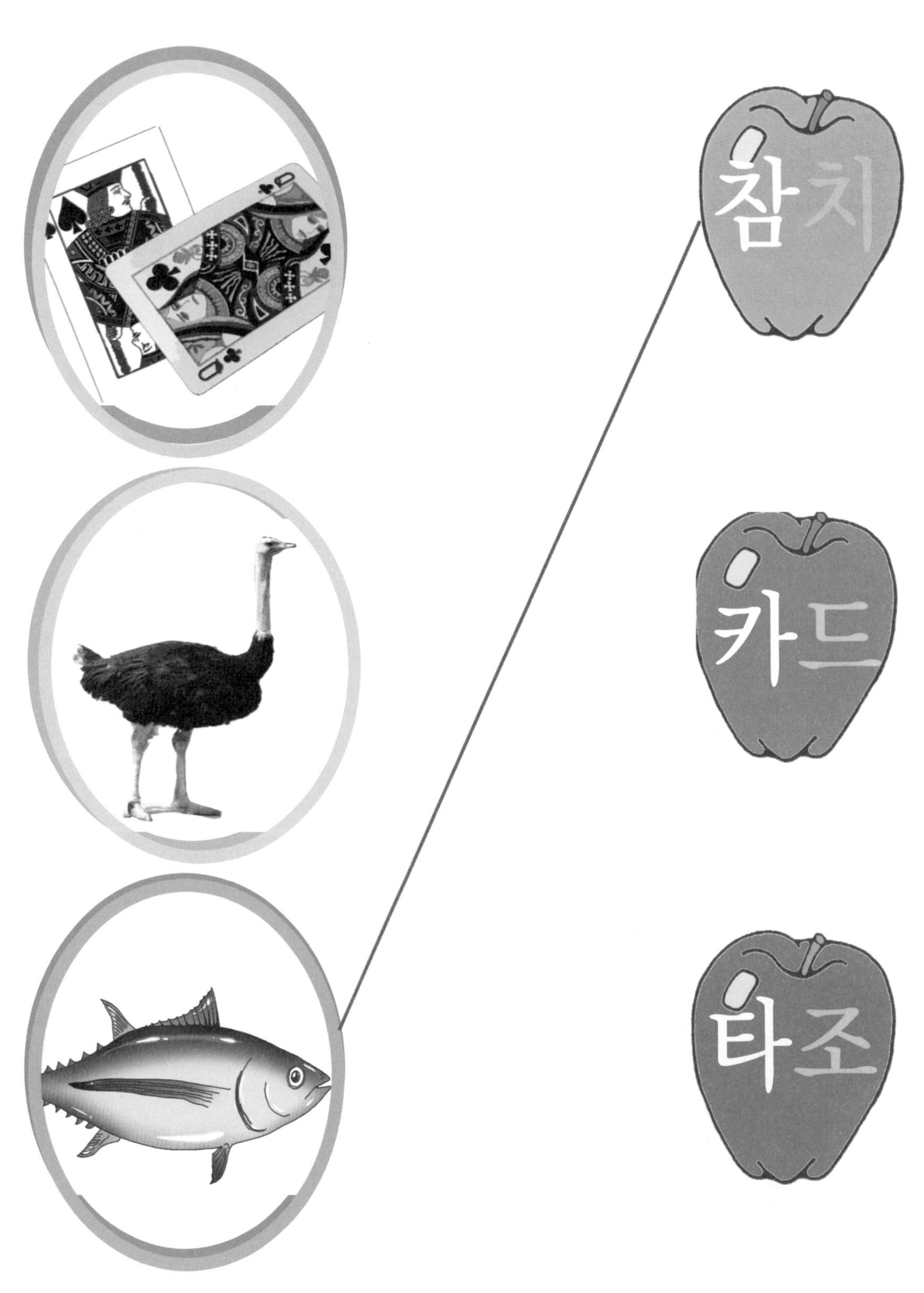

그림을 보고 예쁘게 따라 써 봅시다.

참	새	콩	밥	탁	구
참	새	콩	밥	탁	구
참	새	콩	밥	탁	구

 그림을 보고 예쁘게 따라 써 봅시다.

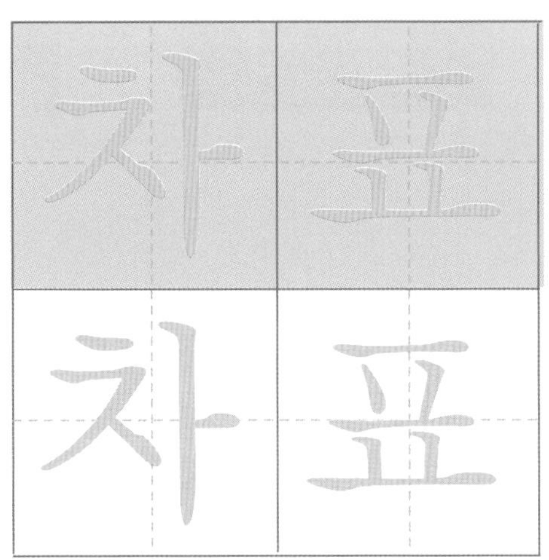

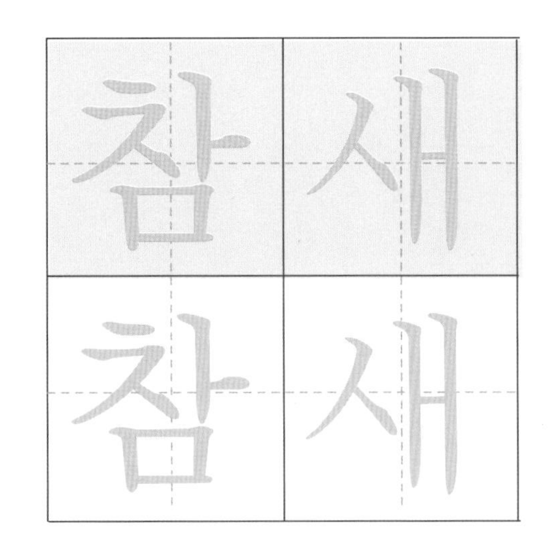

그림을 보고 예쁘게 따라 써 봅시다.

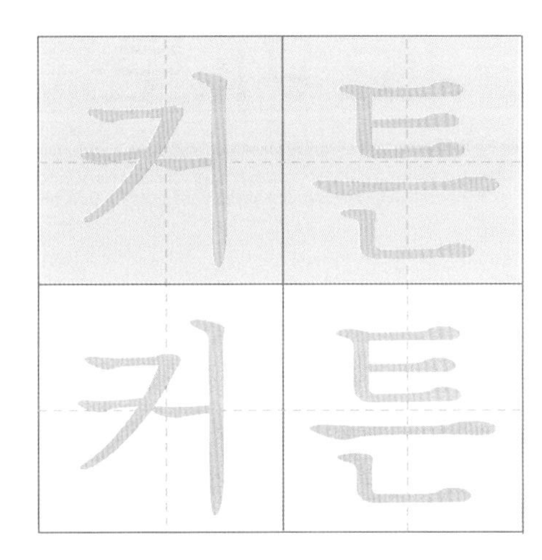

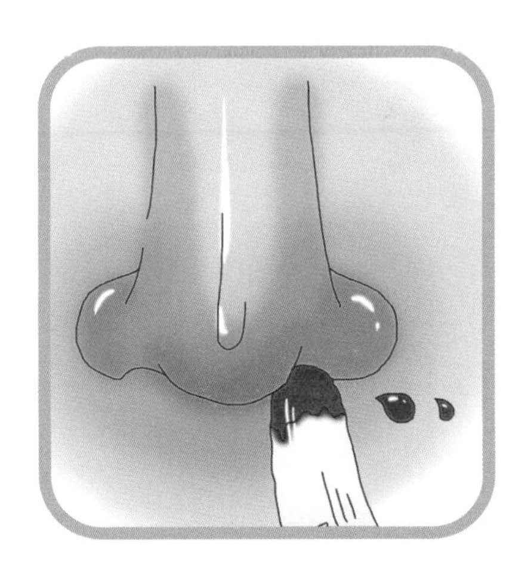

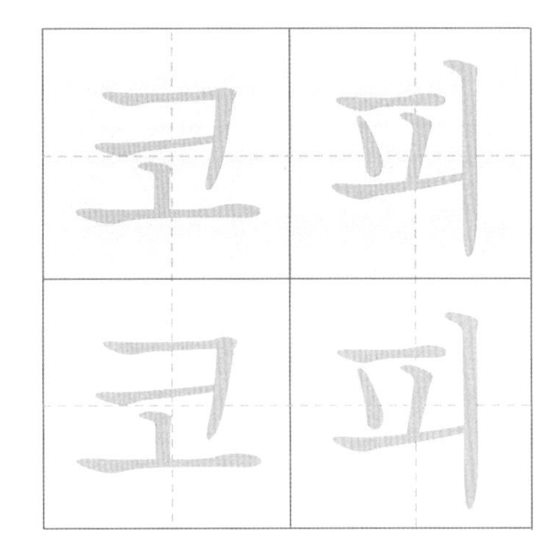

☆ 'ㅌ' 이 들어간 낱말에 ㅇ표를 해 봅시다.

'ㅋ ㅌ'이 들어간 낱말에 ㅇ표를 해 봅시다.

알맞은 것끼리 선으로 연결하여 봅시다.

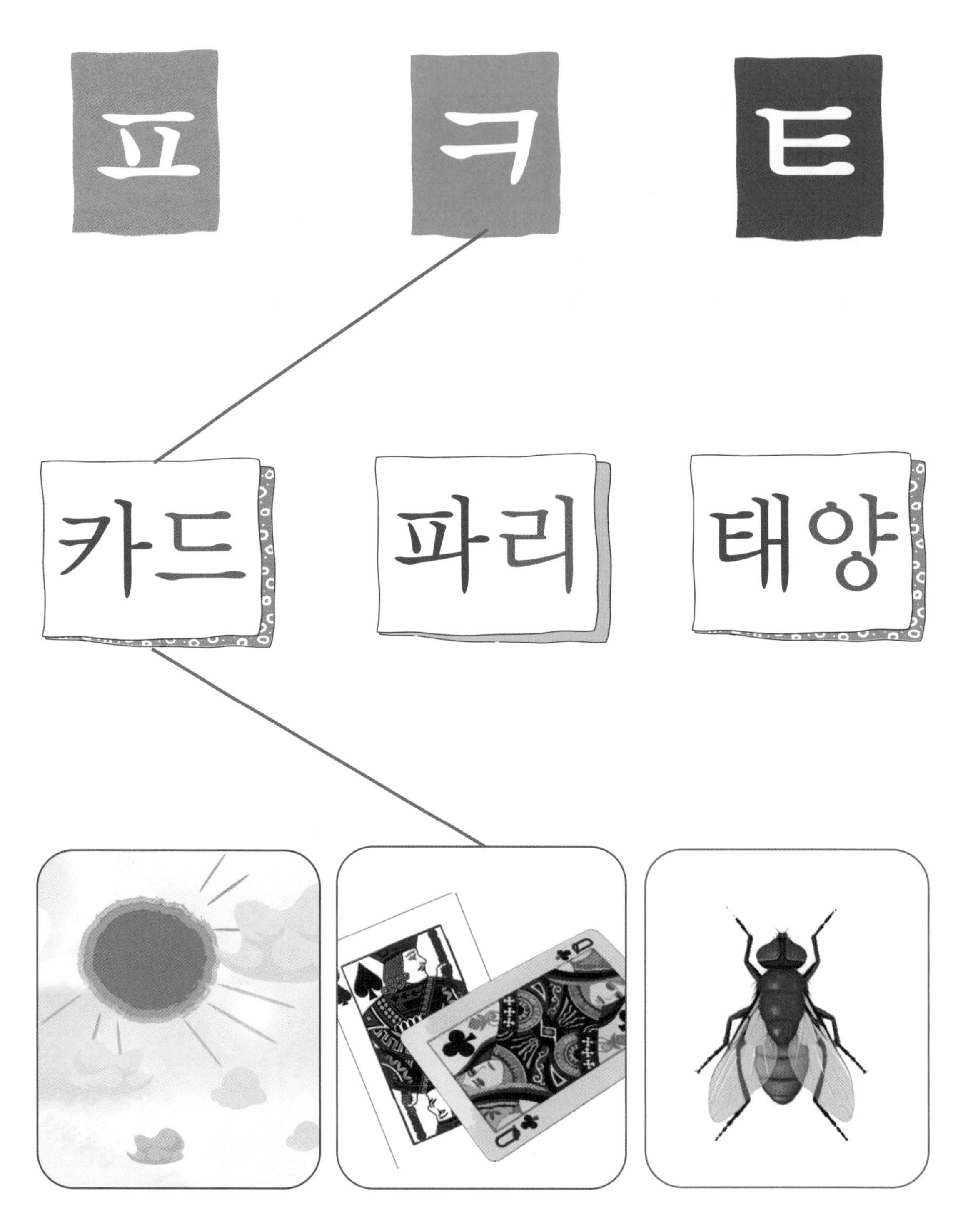

그림을 보고 예쁘게 따라 써 봅시다.

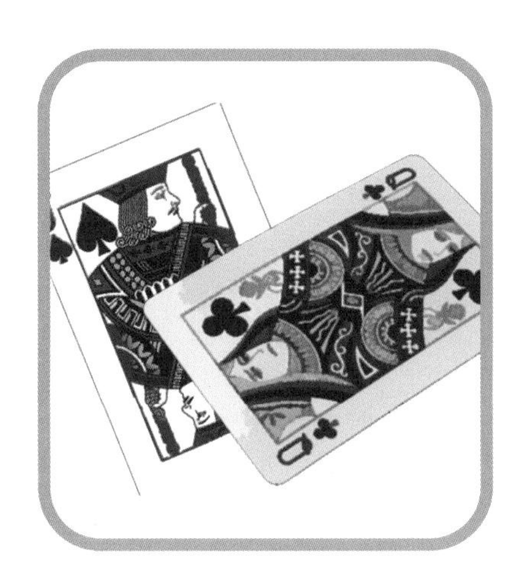

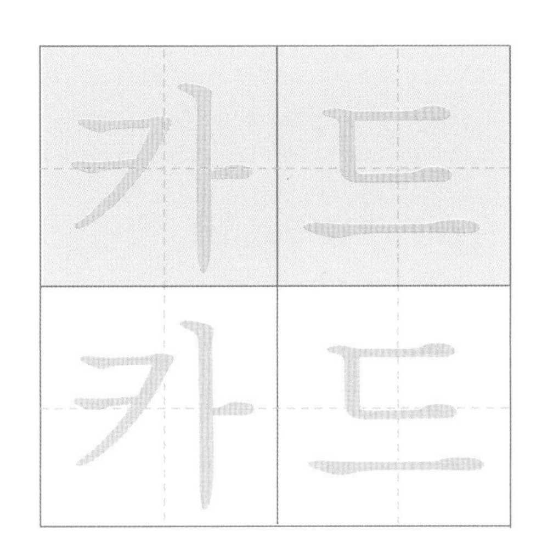

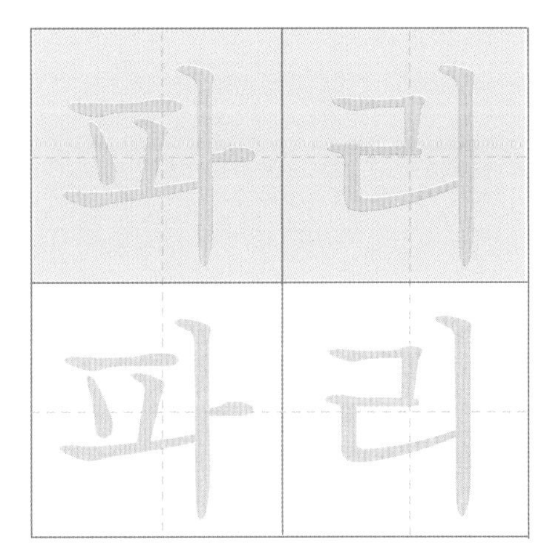

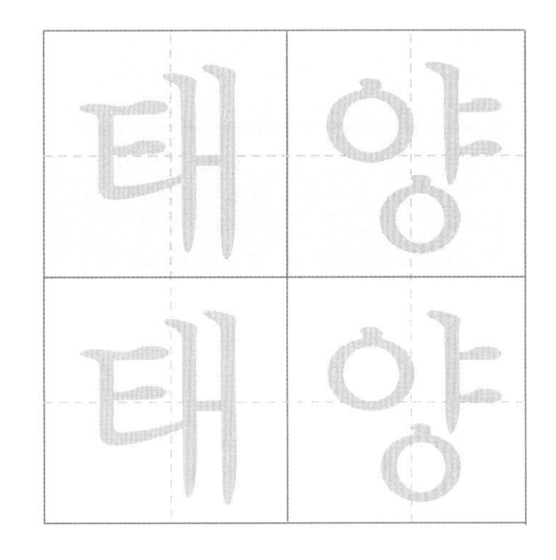

☆아래 낱말을 예쁘게 따라 써 봅시다.

카	드
카	드
카	드

커	튼
커	튼
커	튼

코	피
코	피
코	피

콩	밥
콩	밥
콩	밥

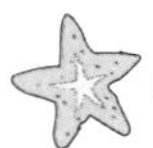아래 낱말을 예쁘게 따라 써 봅시다.

큰	곰
큰	곰
큰	곰

크	림
크	림
크	림

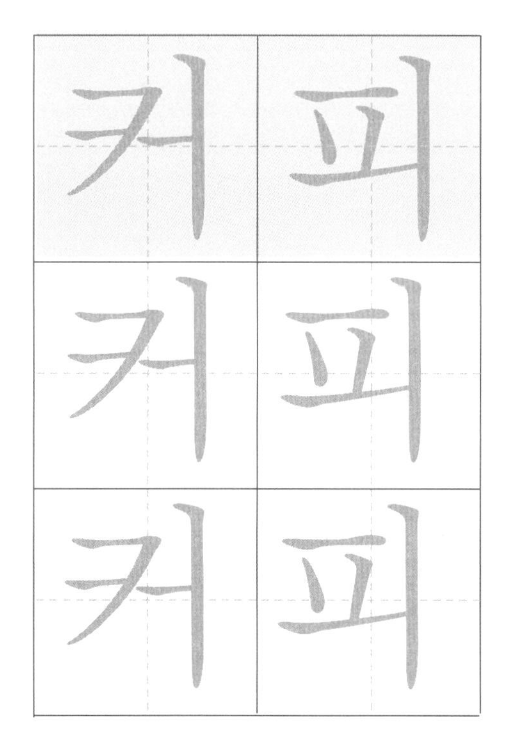

큰	집
큰	집
큰	집

색연필로 빈칸에 ㅍ을 예쁘게 써 봅시다.

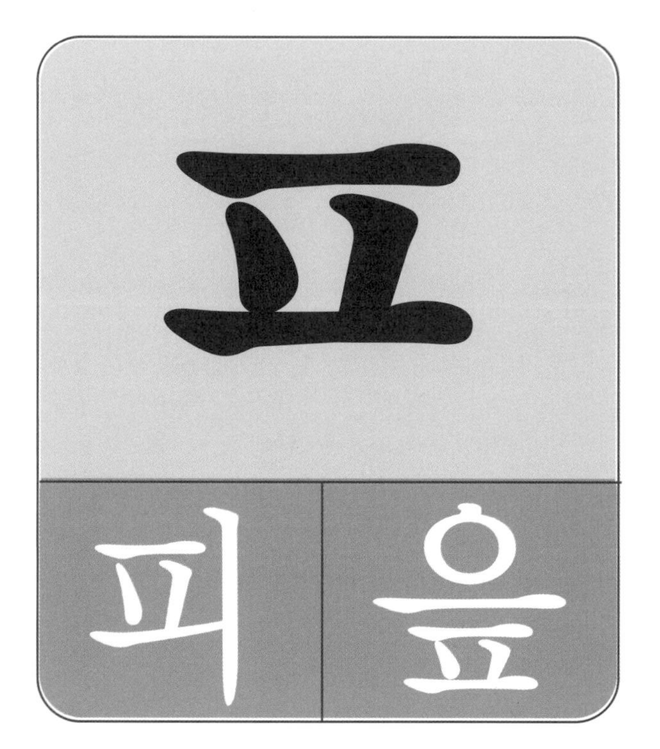

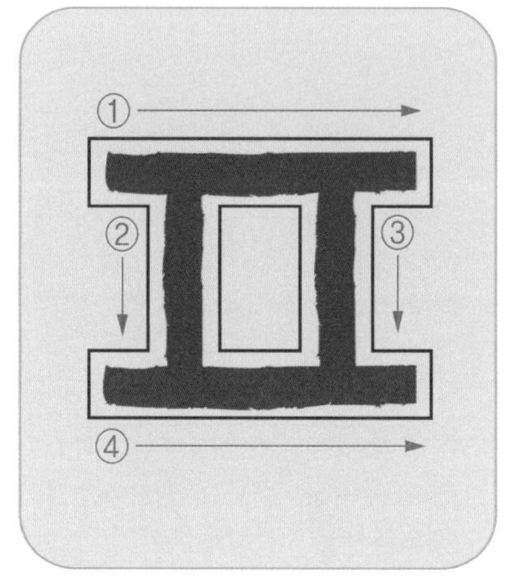

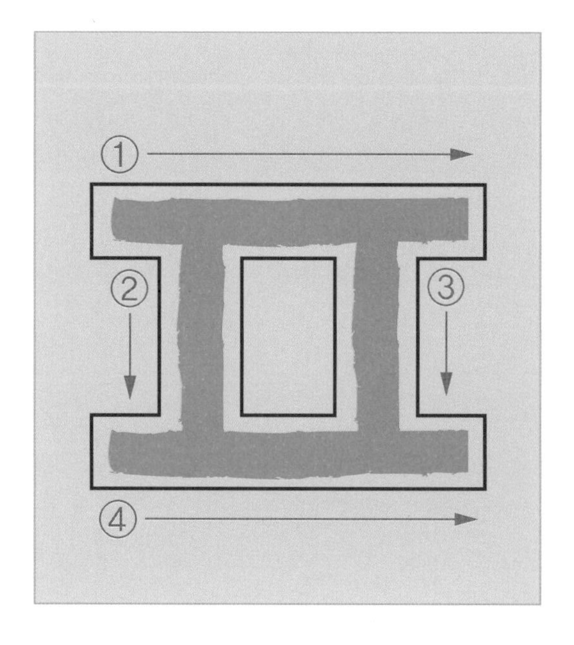

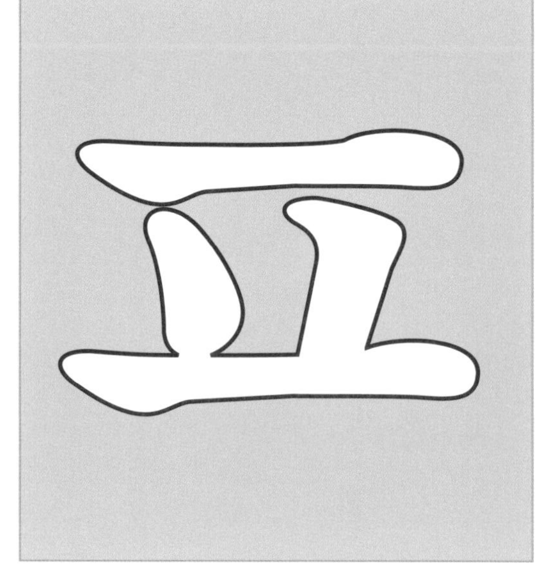

색연필로 빈칸에 ㅍ을 예쁘게 써 봅시다.

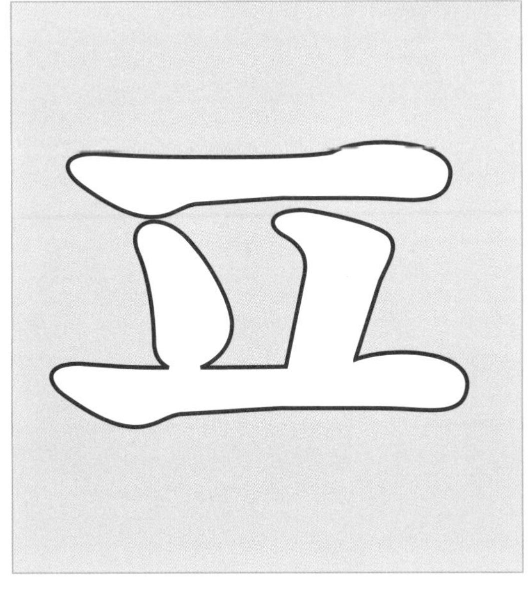

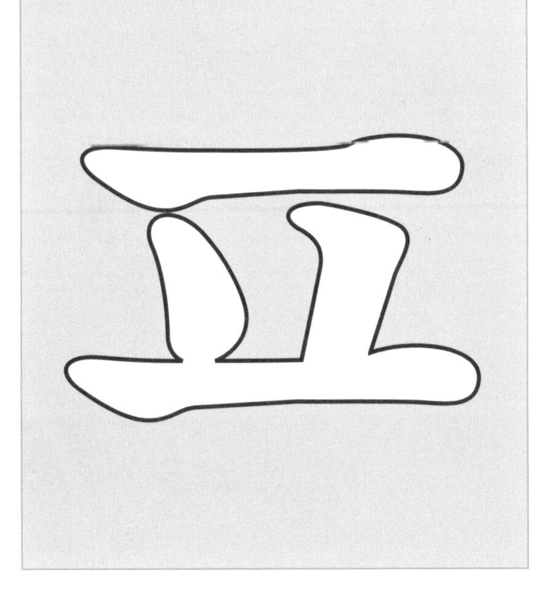

화살표를 따라가며 ㅌ~ㅎ까지의 자음 순서를 알아 봅시다.

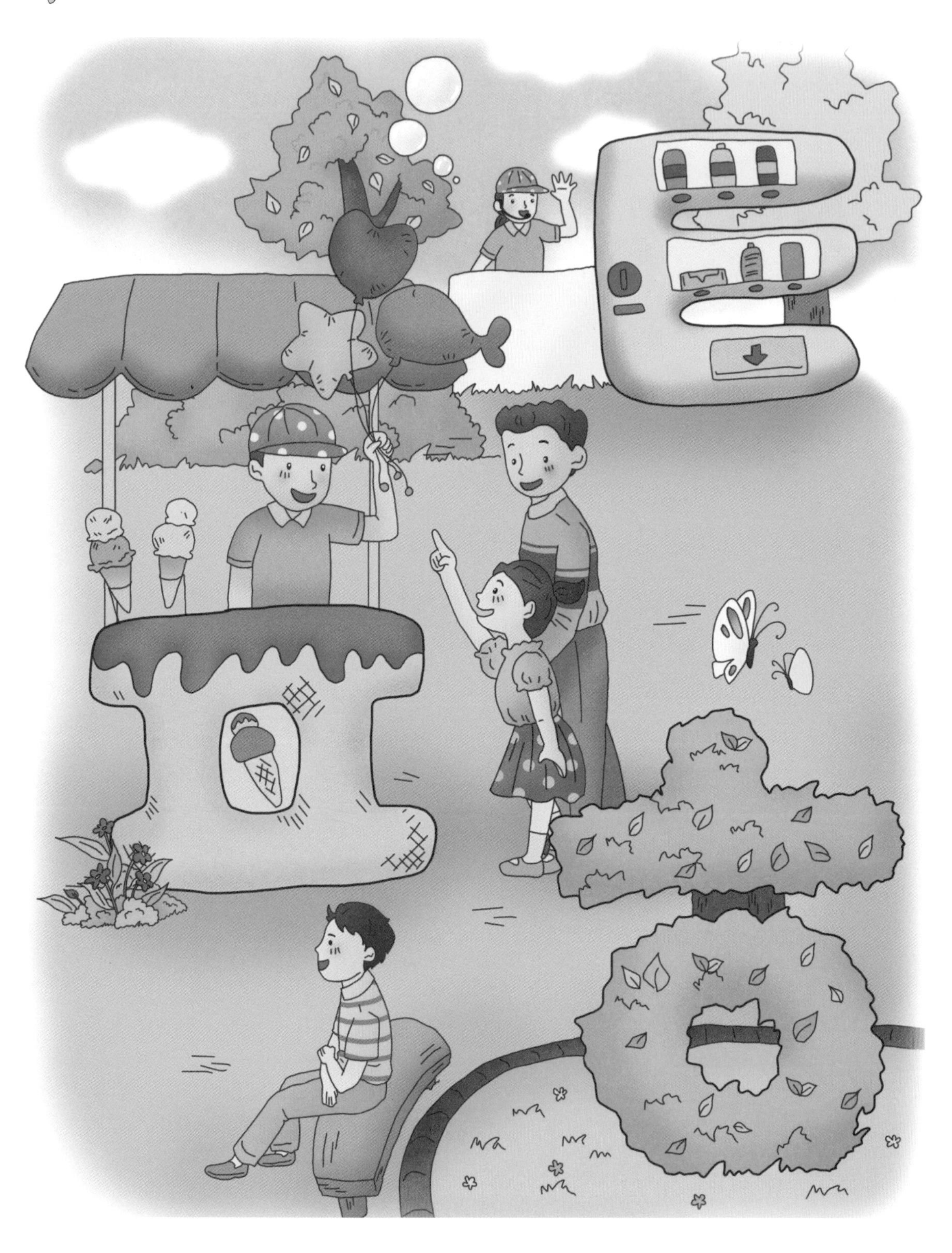

자음 'ㅋ ㅌ ㅍ' 을 따라 써 봅시다.

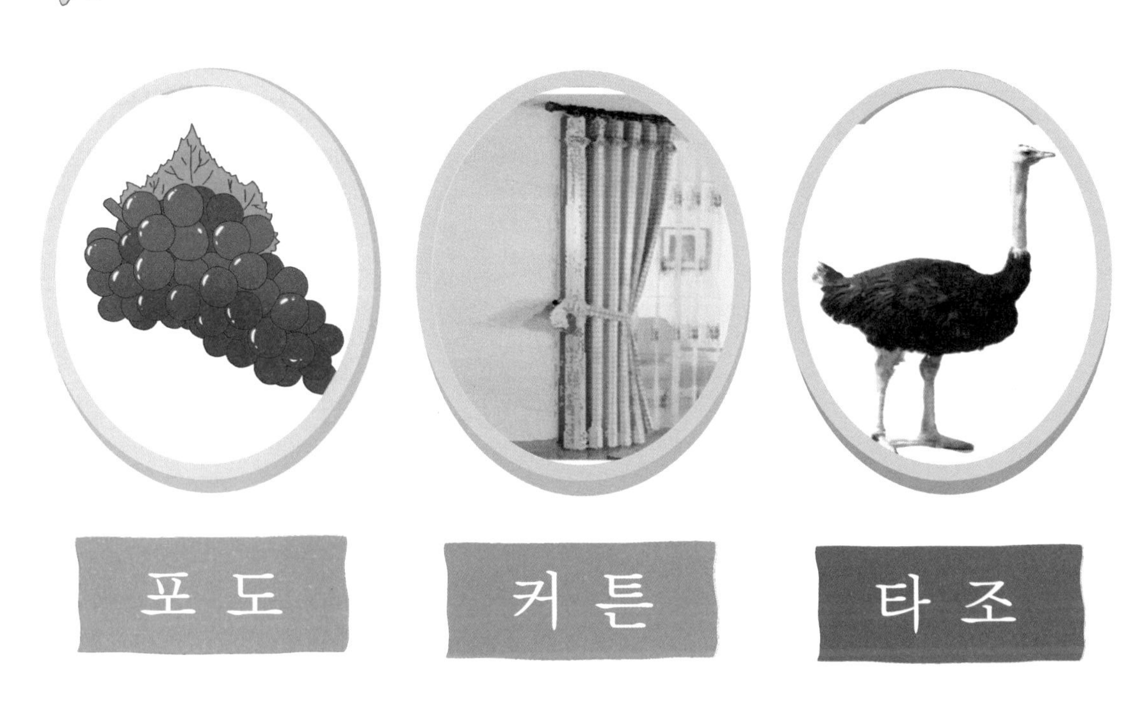

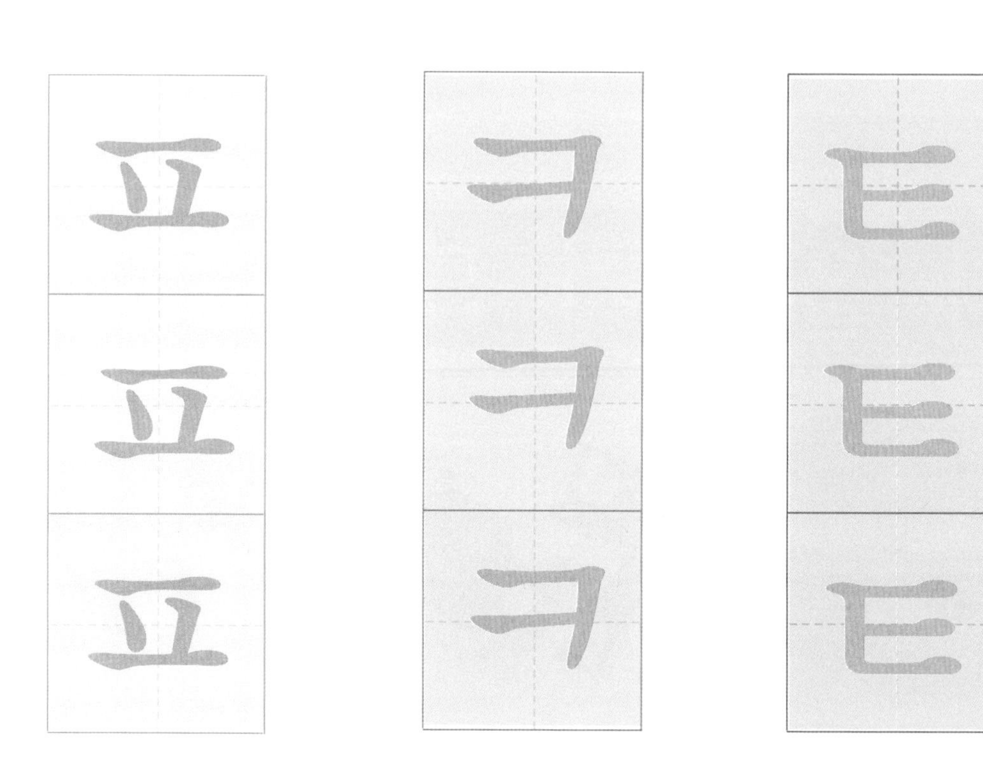

'ㅋ ㅌ ㅍ'이 들어간 글자를 선으로 연결하여 봅시다.

타 올 | 카 드 | 풍 선

'ㅋ ㅌ ㅍ' 이 들어간 낱말을 예쁘게 따라 써 봅시다.

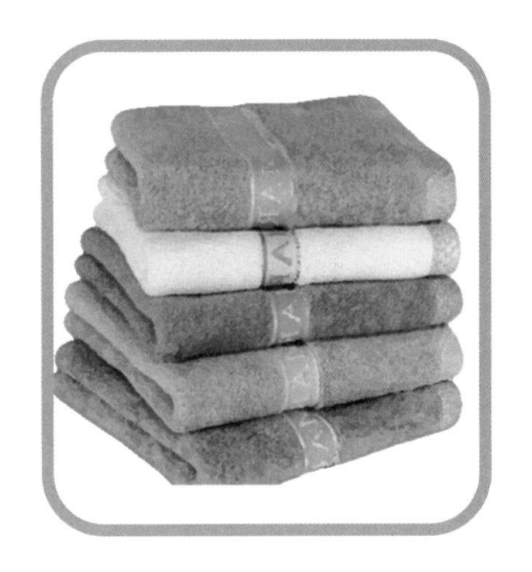

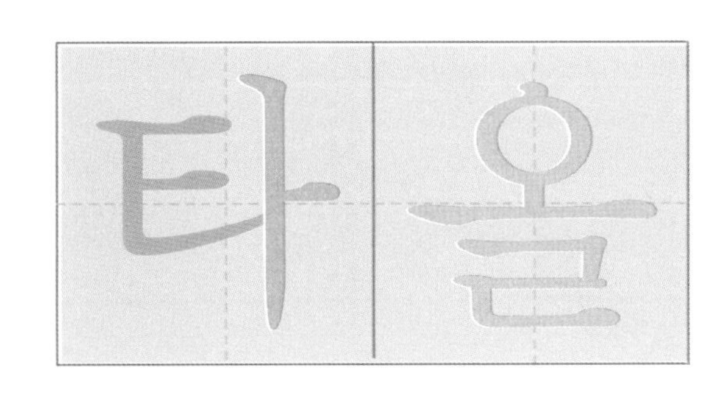

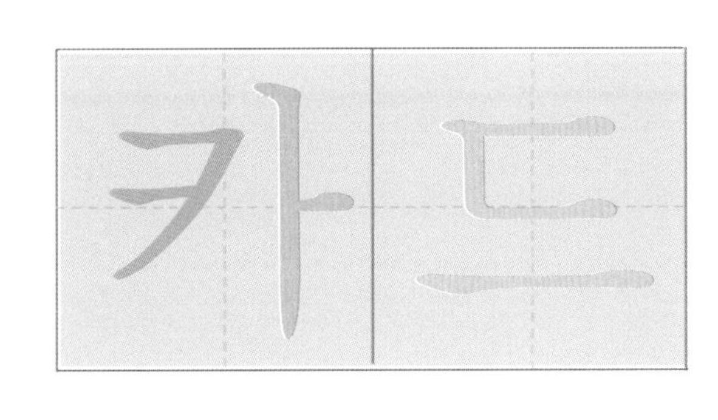

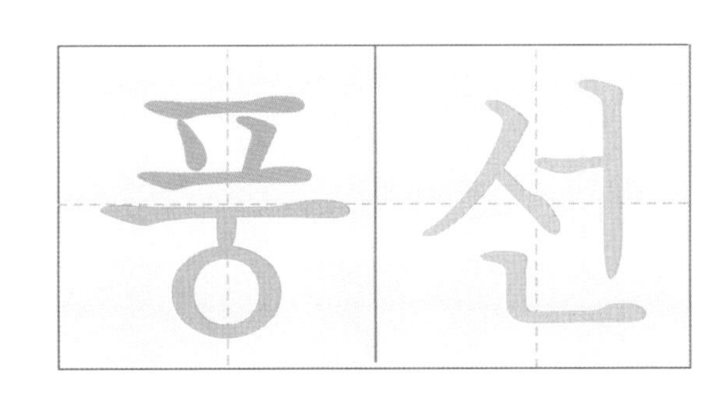

그림과 알맞은 낱말을 선으로 연결하여 봅시다.

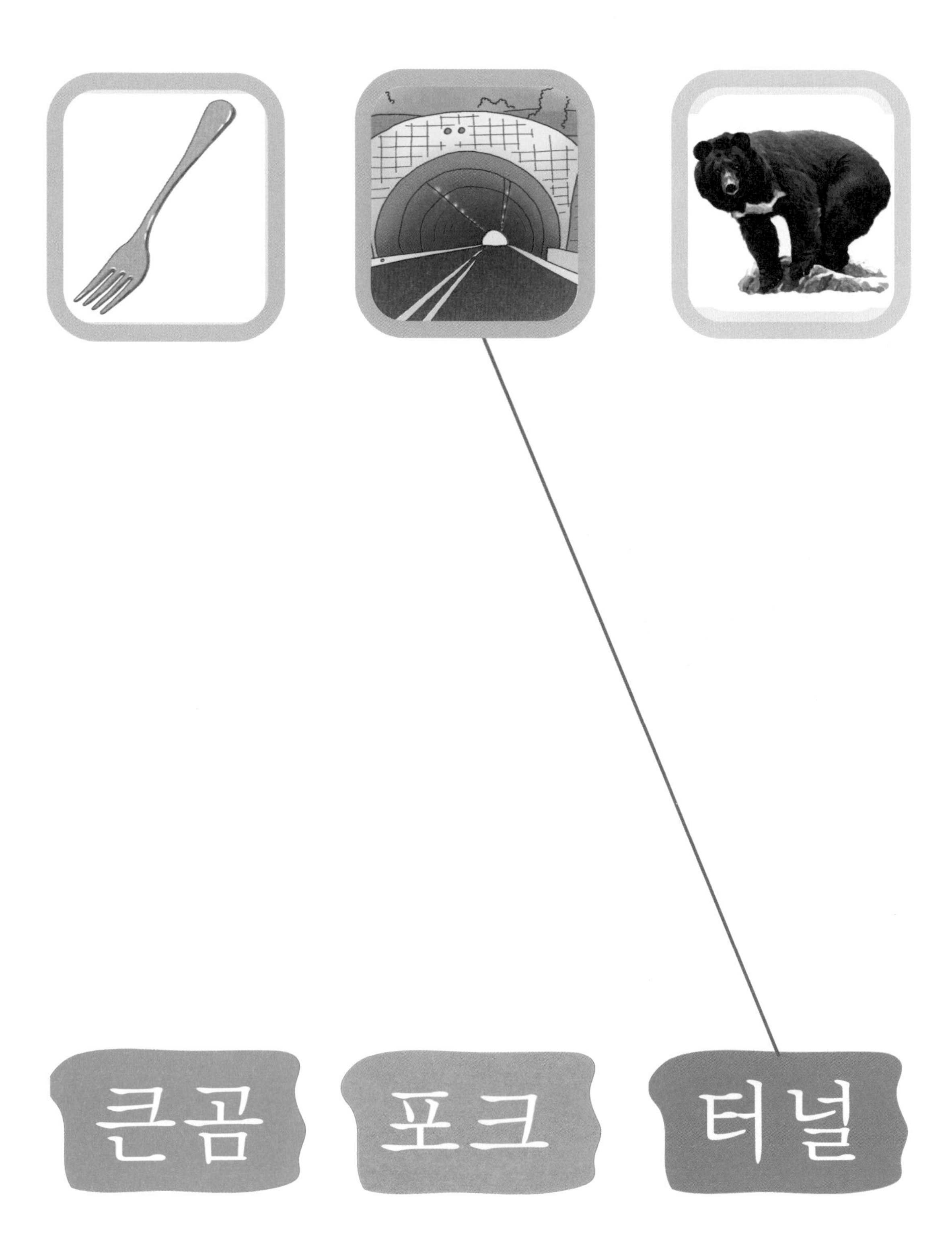

 그림을 보고 예쁘게 따라 써 봅시다.

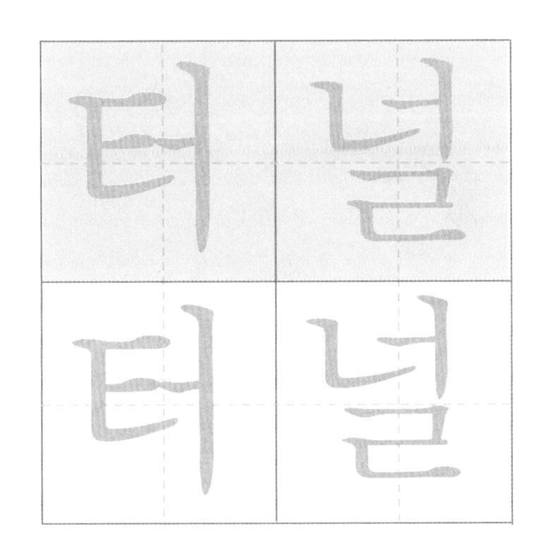

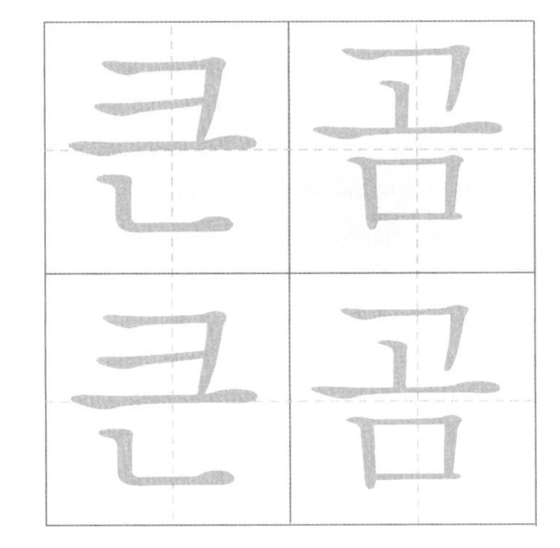

그림과 알맞은 낱말을 선으로 연결하여 봅시다.

그림을 보고 예쁘게 따라 써 봅시다.

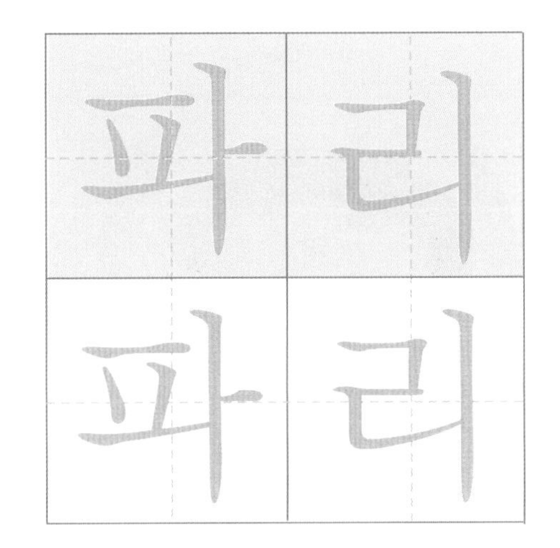

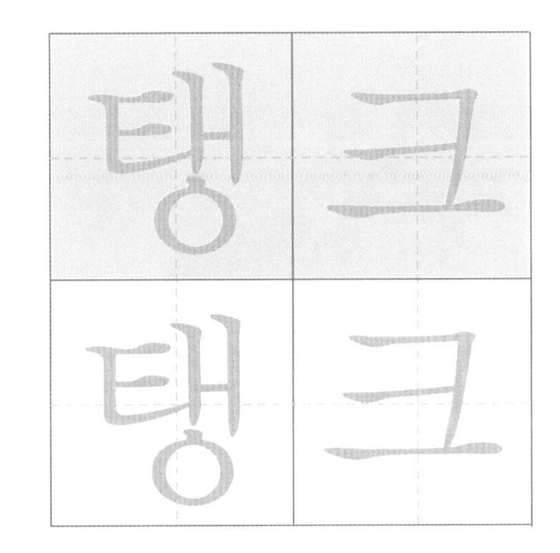

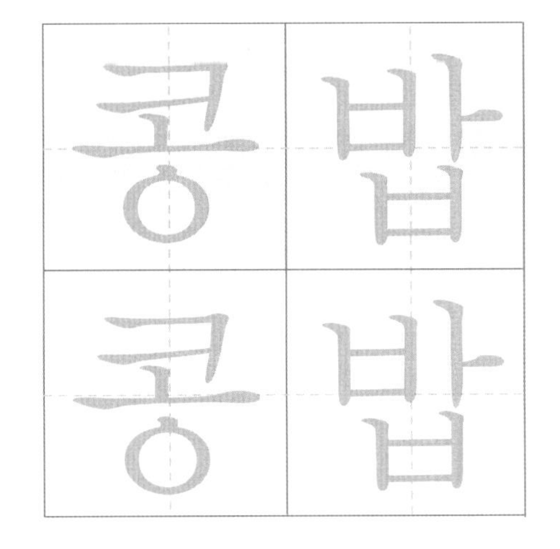

서로 맞은 것끼리 선으로 연결하여 봅시다.

그림을 보고 예쁘게 따라 써 봅시다.

택	시	커	튼	판	다
택	시	커	튼	판	다
택	시	커	튼	판	다

그림을 보고 예쁘게 따라 써 봅시다.

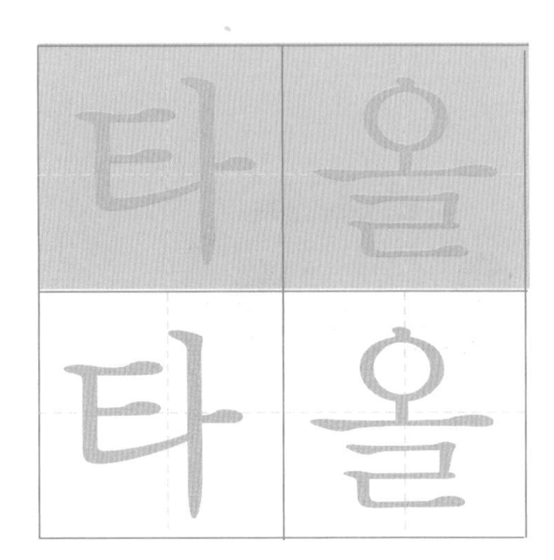

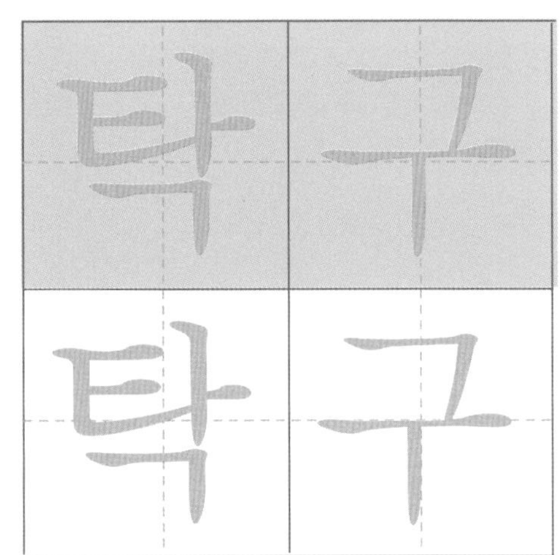

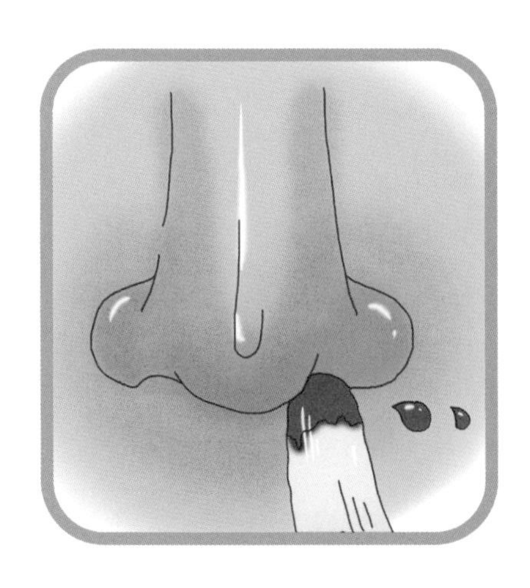

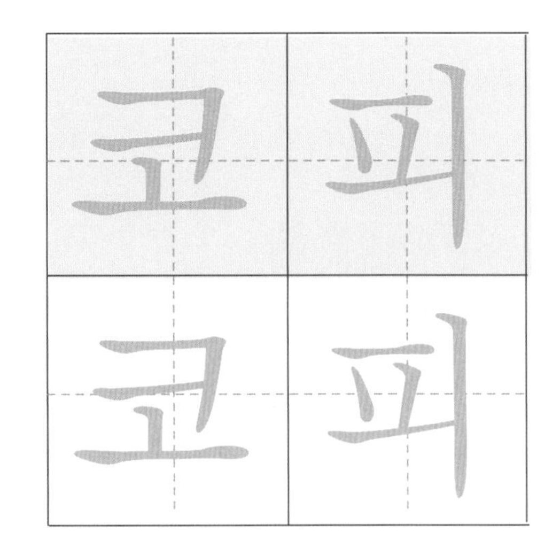

☆ 그림을 보고 예쁘게 따라 써 봅시다.

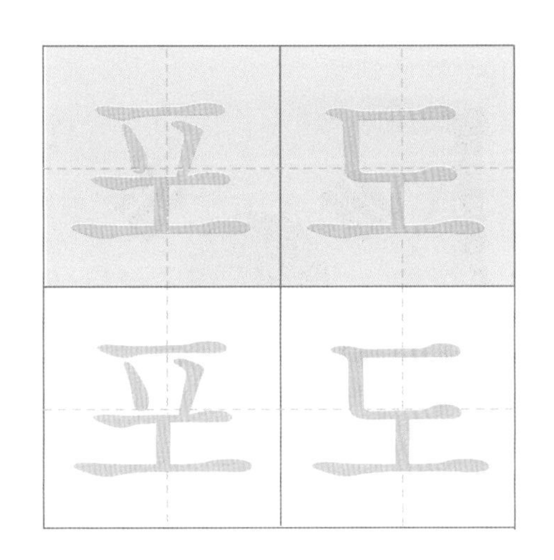

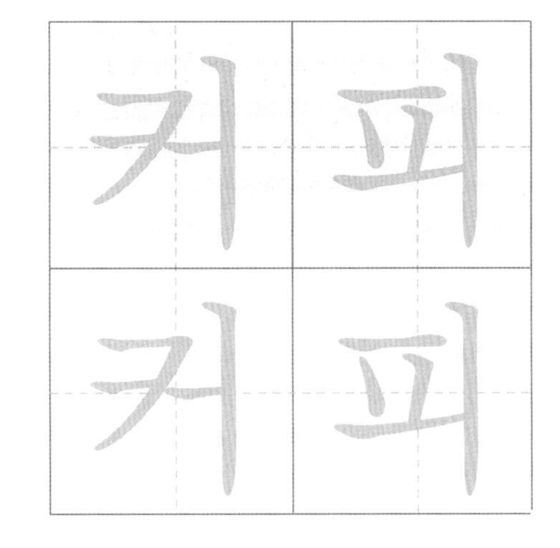

 'ㅍ' 이 들어간 낱말에 ○표를 하여 봅시다.

 'ㅌ ㅍ'이 들어간 낱말에 ㅇ표를 해 봅시다.

알맞은 것끼리 선으로 연결하여 봅시다.

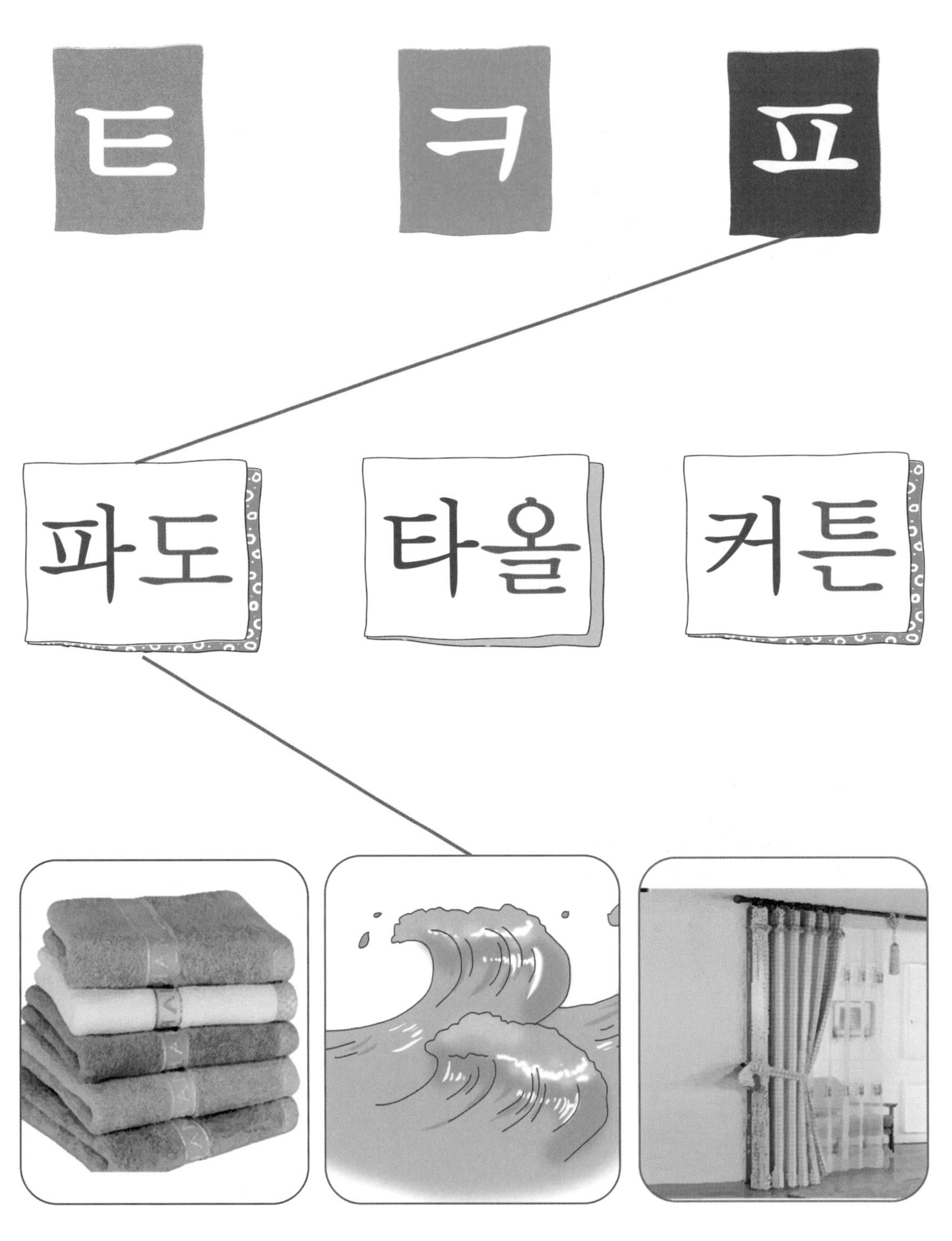

그림을 보고 예쁘게 따라 써 봅시다.

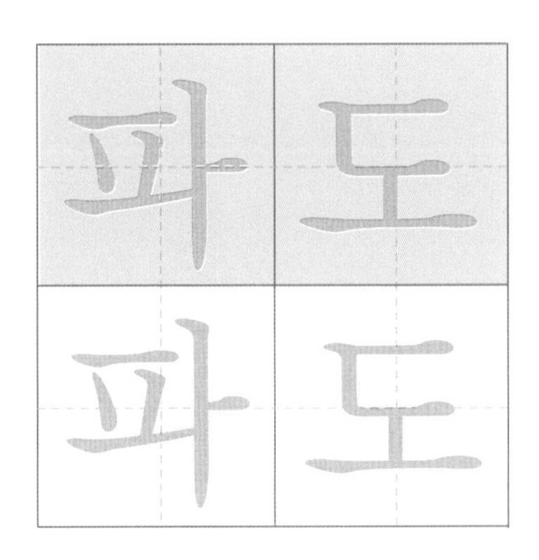

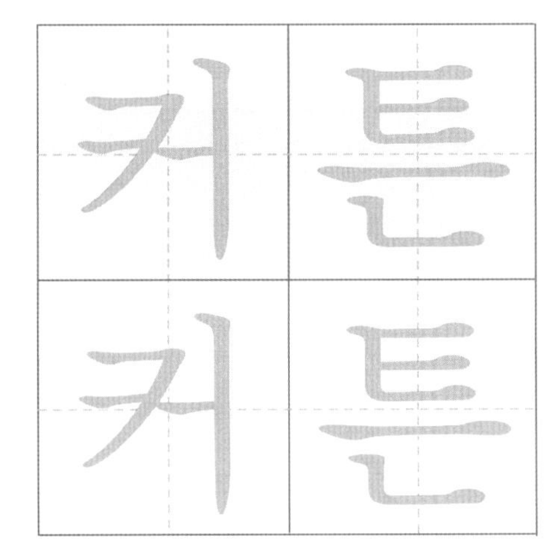

 아래 낱말을 예쁘게 따라 써 봅시다.

파	도
파	도
파	도

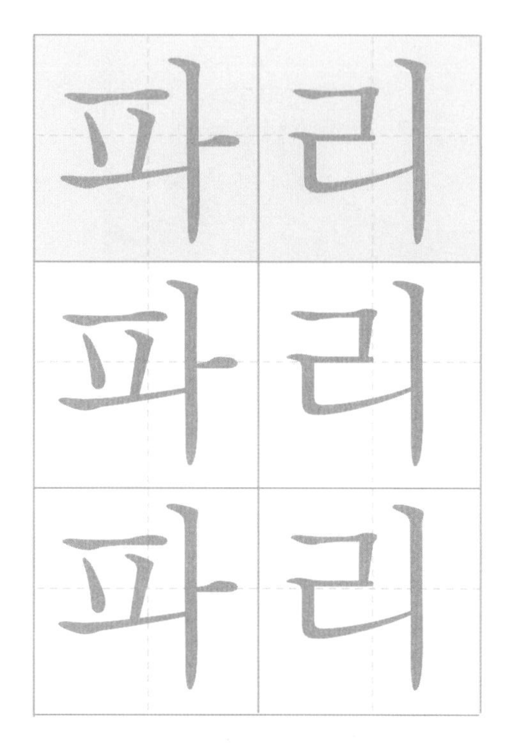

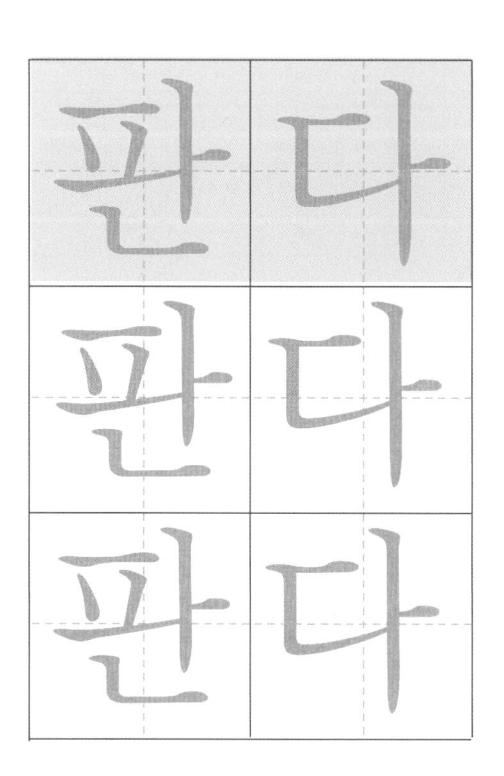

판	사
판	사
판	사

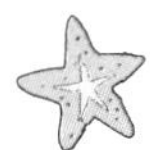아래 낱말을 예쁘게 따라 써 봅시다.

포	도
포	도
포	도

표	범
표	범
표	범

풍	선
풍	선
풍	선

필	통
필	통
필	통

색연필로 빈칸에 ㅎ을 예쁘게 써 봅시다.

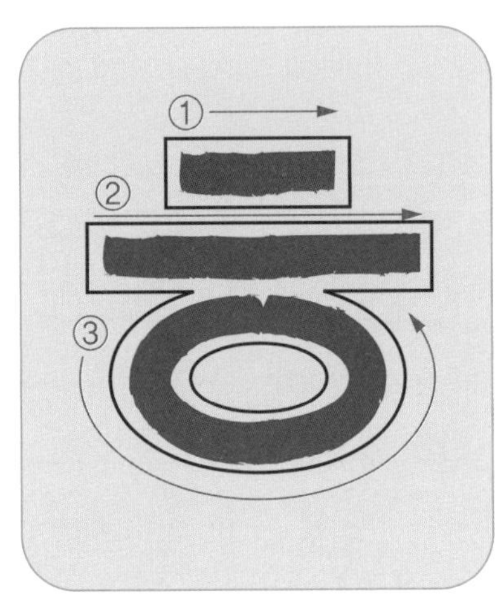

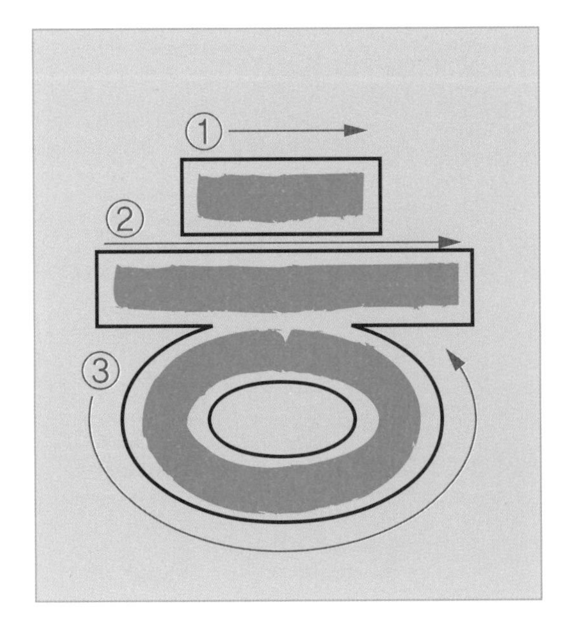

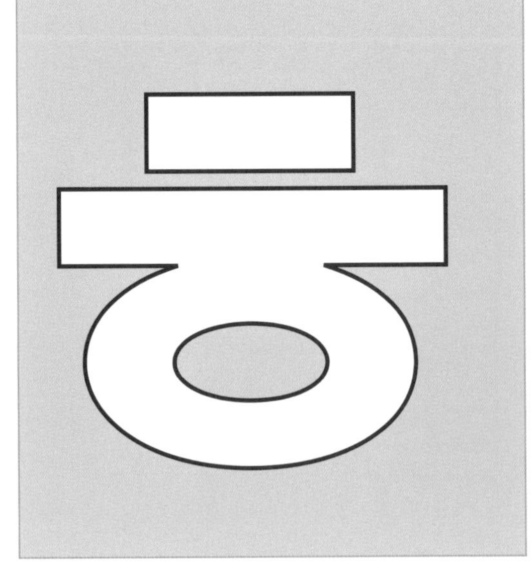

색연필로 빈칸에 ㅎ을 예쁘게 써 봅시다.

자음 'ㅌ, ㅍ, ㅎ'을 모두 찾아 봅시다.

자음 'ㅌ ㅍ ㅎ'을 따라 써 봅시다.

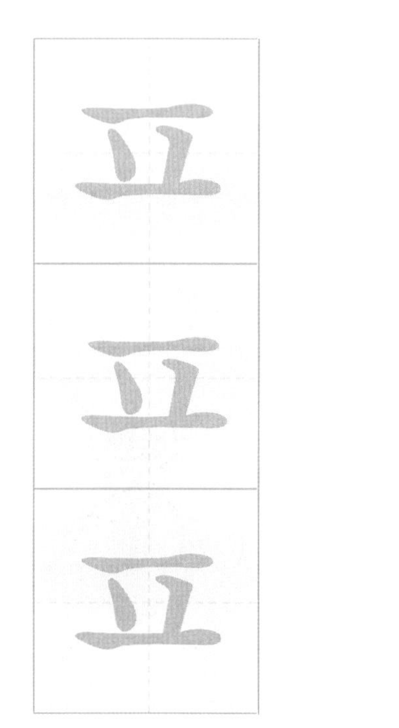

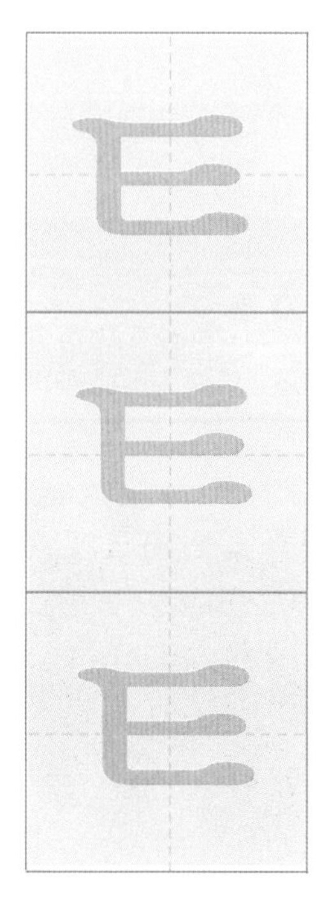

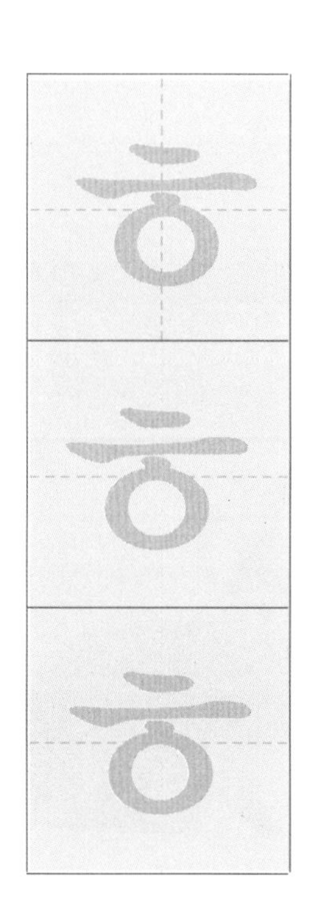

'ㅌ ㅍ ㅎ' 이 들어간 글자를 선으로 연결하여 봅시다.

토끼 호두 파리

'ㅌ ㅍ ㅎ'이 들어간 낱말을 예쁘게 따라 써 봅시다.

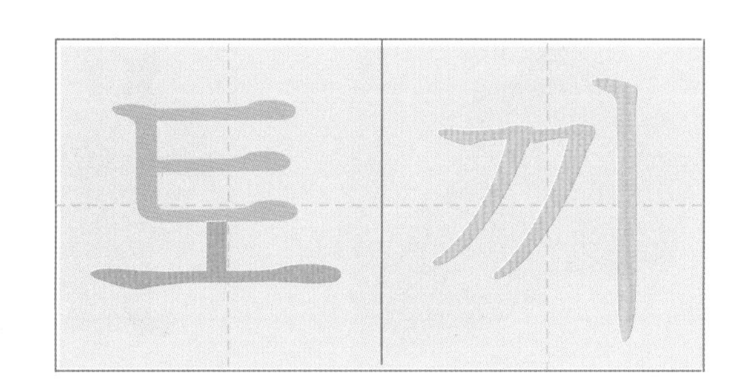

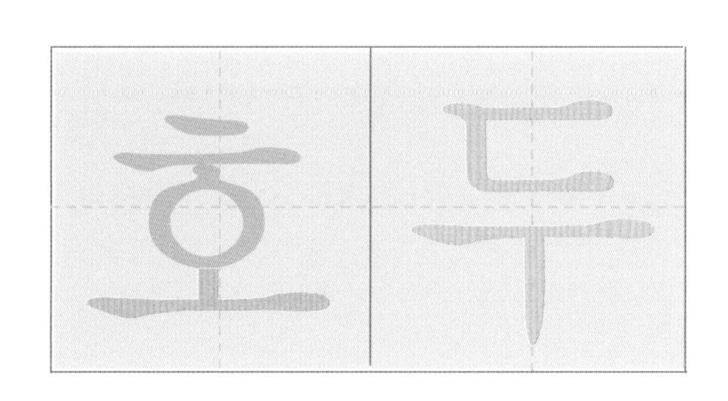

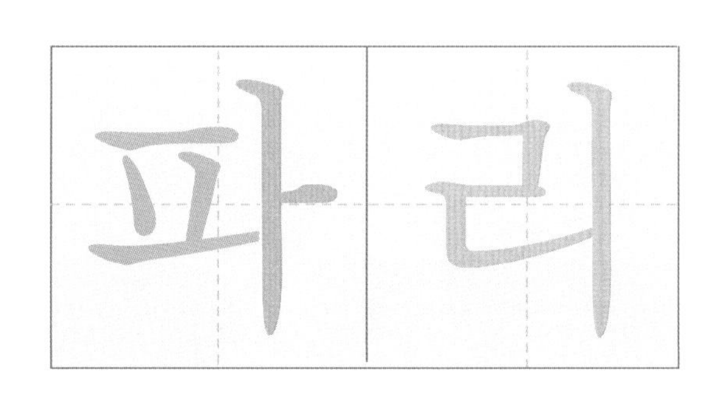

그림과 알맞은 낱말을 선으로 연결하여 봅시다.

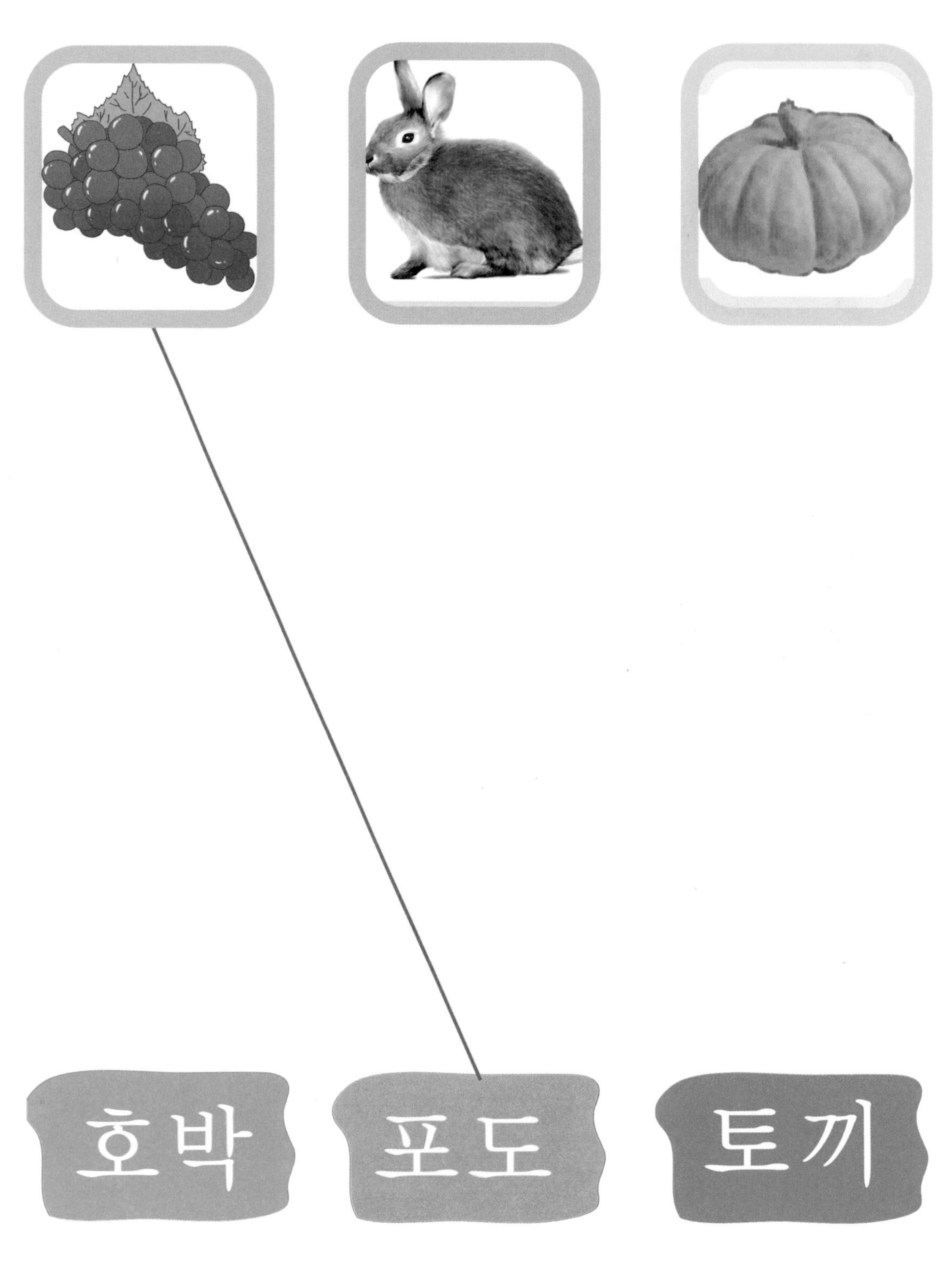

 그림을 보고 예쁘게 따라 써 봅시다.

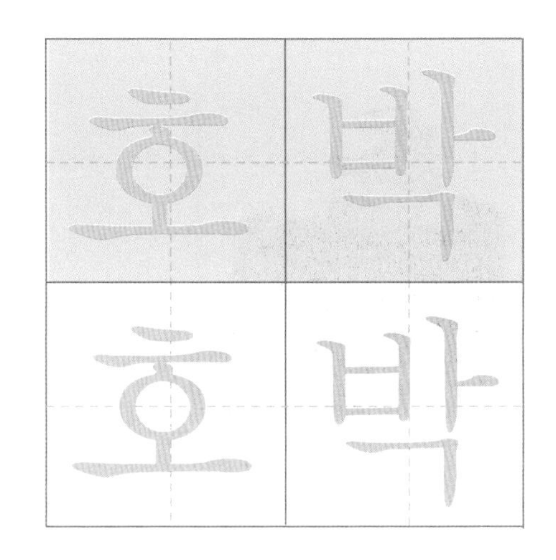

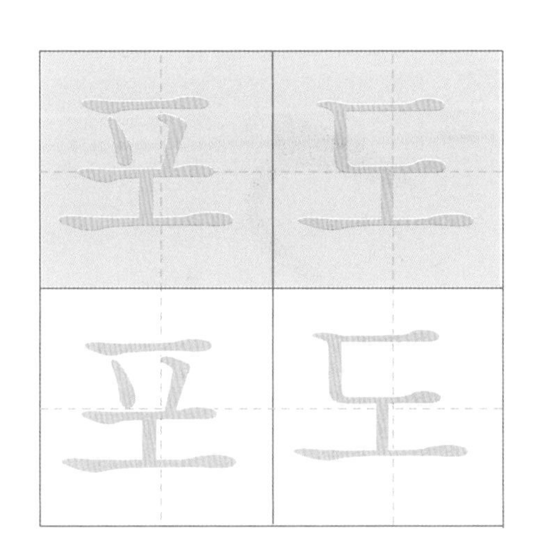

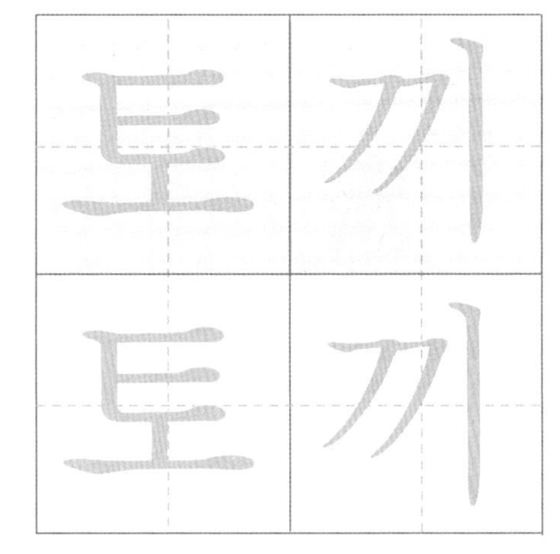

서로 맞은 것끼리 선으로 연결하여 봅시다.

☆ 그림을 보고 예쁘게 따라 써 봅시다.

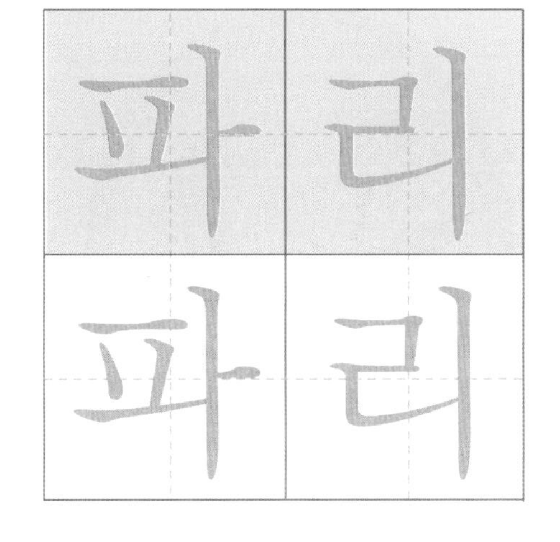

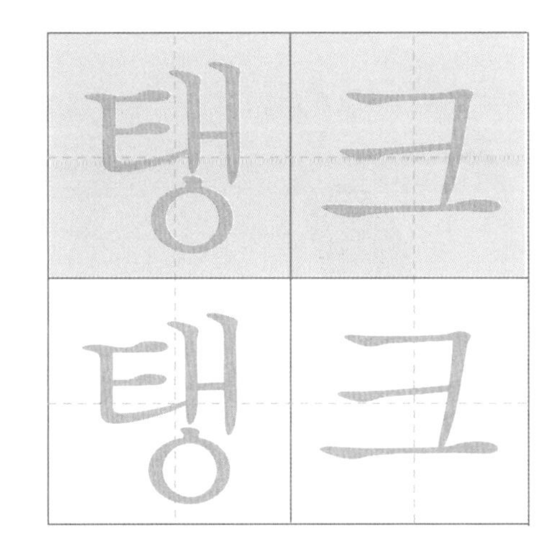

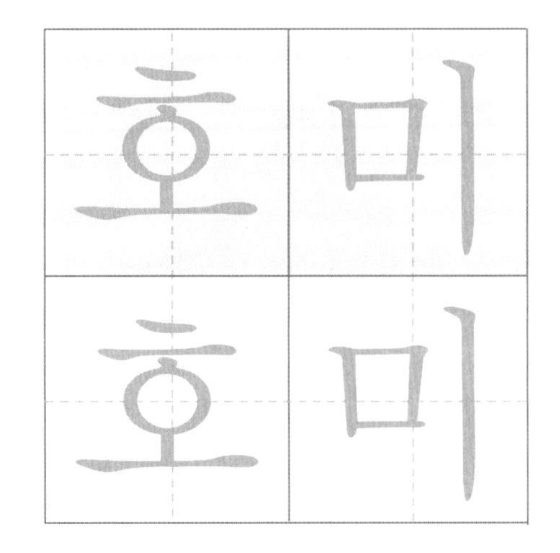

서로 맞은 것끼리 선으로 연결하여 봅시다.

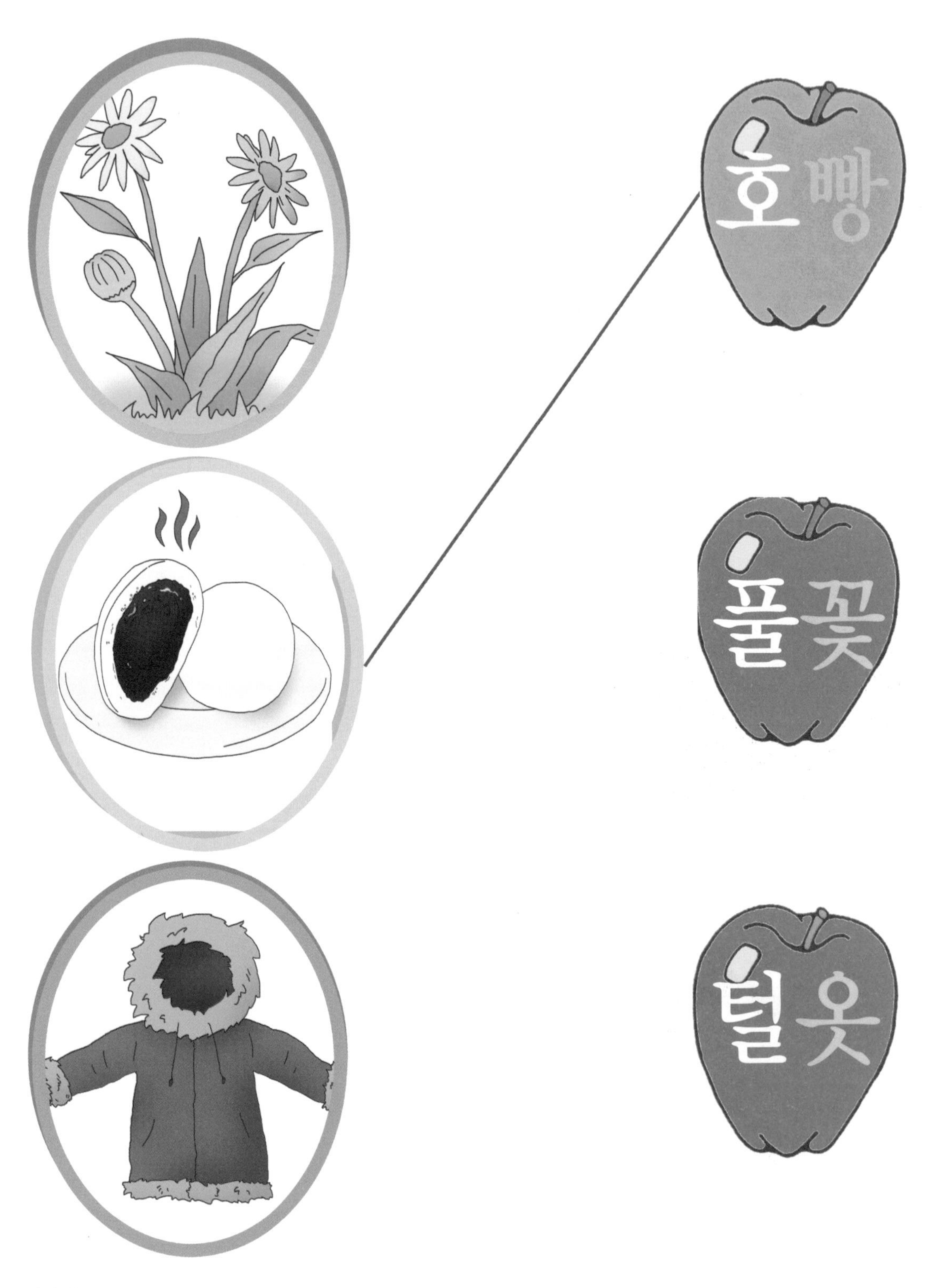

그림을 보고 예쁘게 따라 써 봅시다.

탁	구	포	도	호	수
탁	구	포	도	호	수
탁	구	포	도	호	수

그림을 보고 예쁘게 따라 써 봅시다.

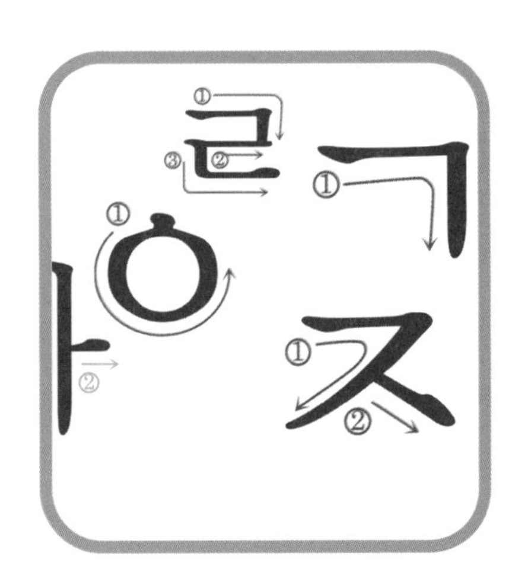

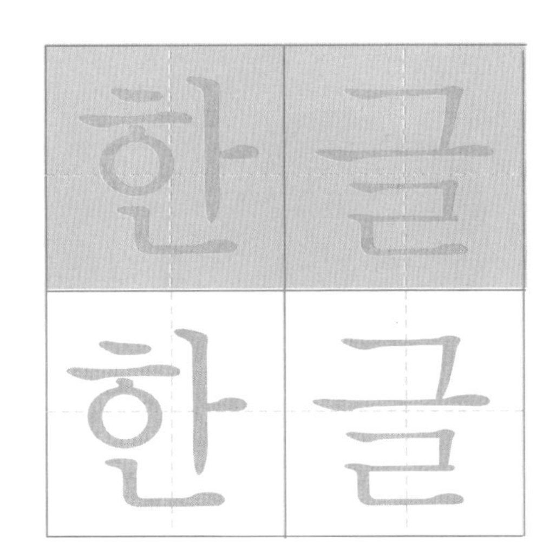

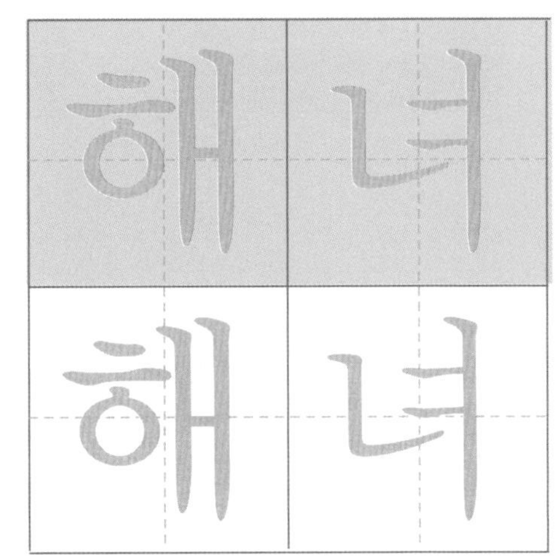

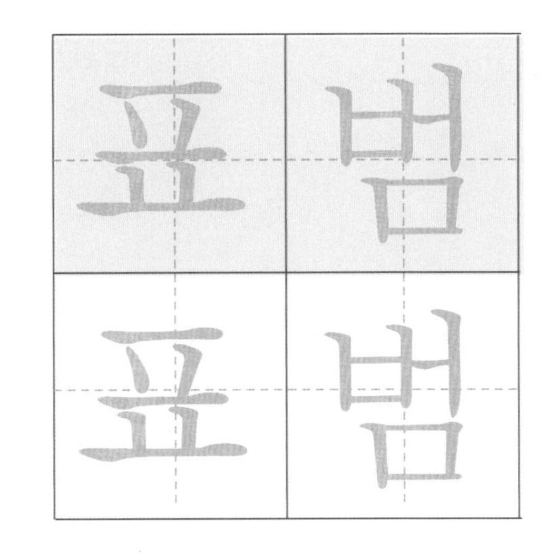

그림을 보고 예쁘게 따라 써 봅시다.

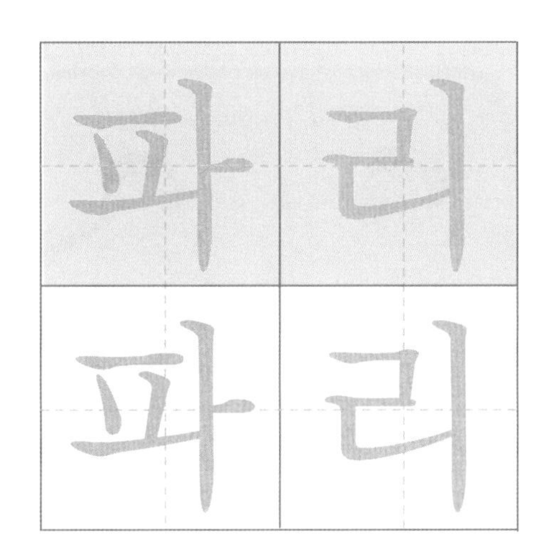

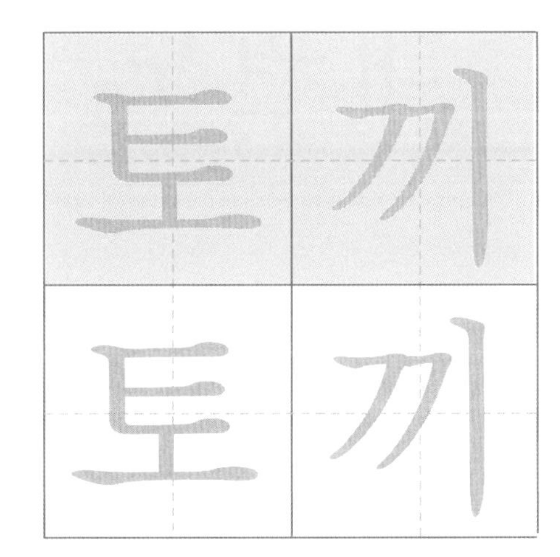

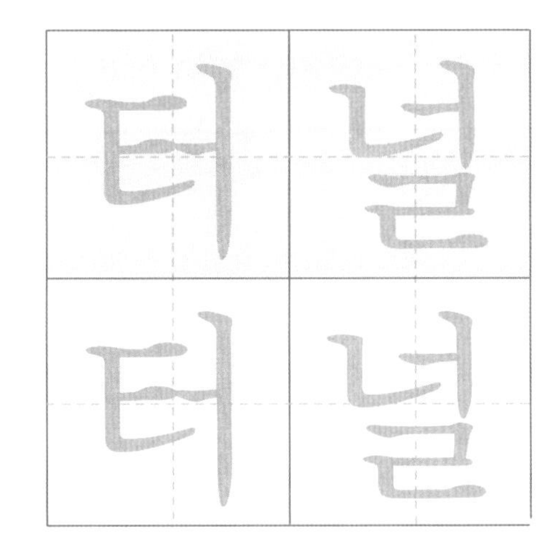

 'ㅎ'이 들어간 낱말에 ㅇ표를 해 봅시다.

태권도

할미꽃

파랑새

호랑이

 'ㅍ ㅎ' 이 들어간 낱말에 ㅇ표를 해 봅시다.

알맞은 것끼리 선으로 연결하여 봅시다.

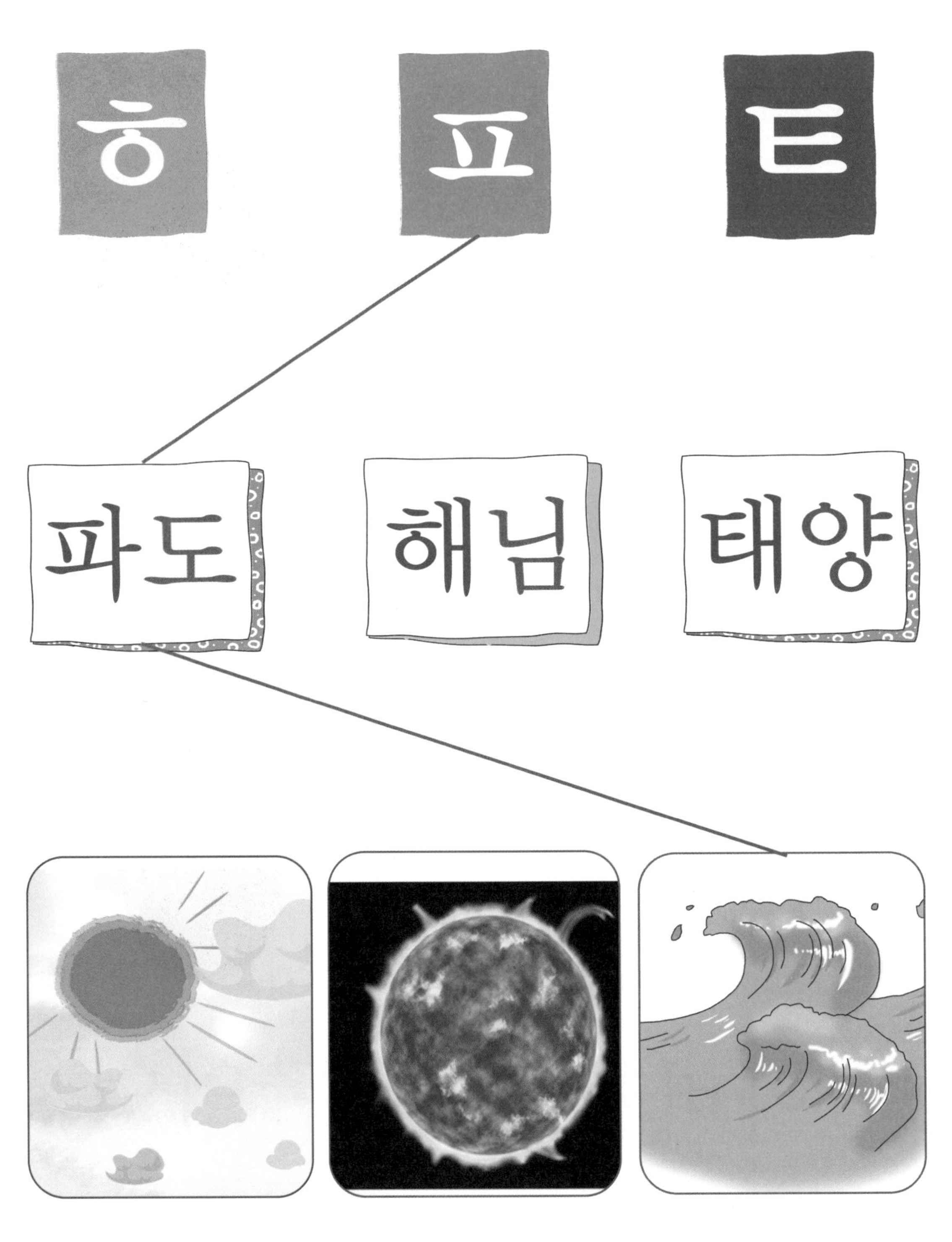

 그림을 보고 예쁘게 따라 써 봅시다.

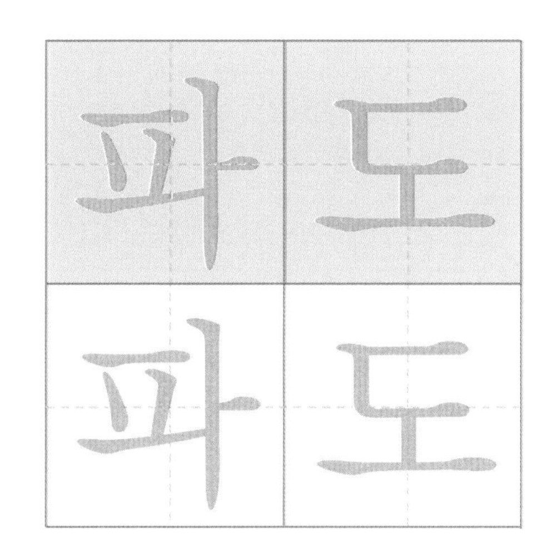

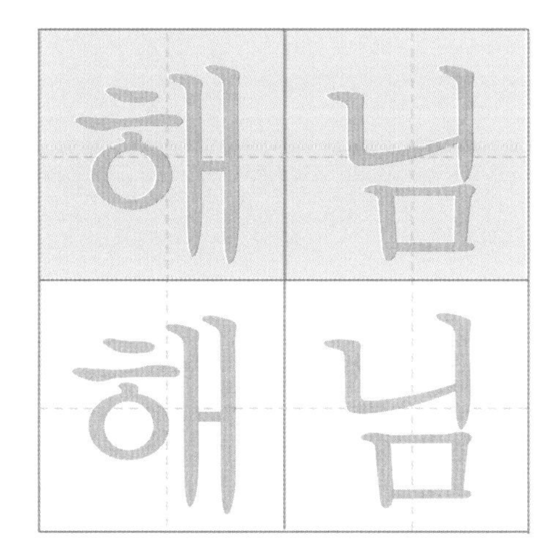

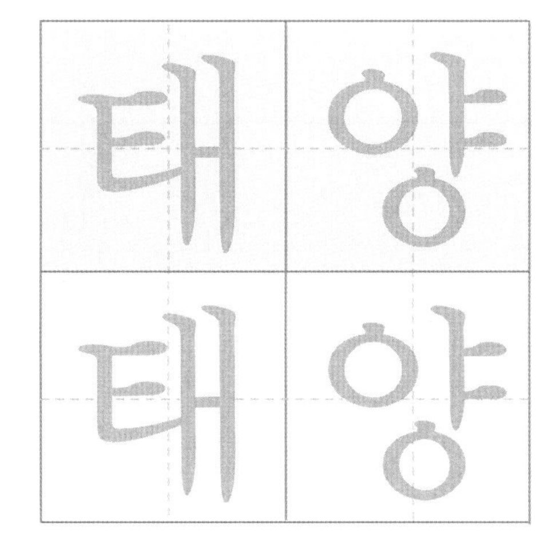

아래 낱말을 예쁘게 따라 써 봅시다.

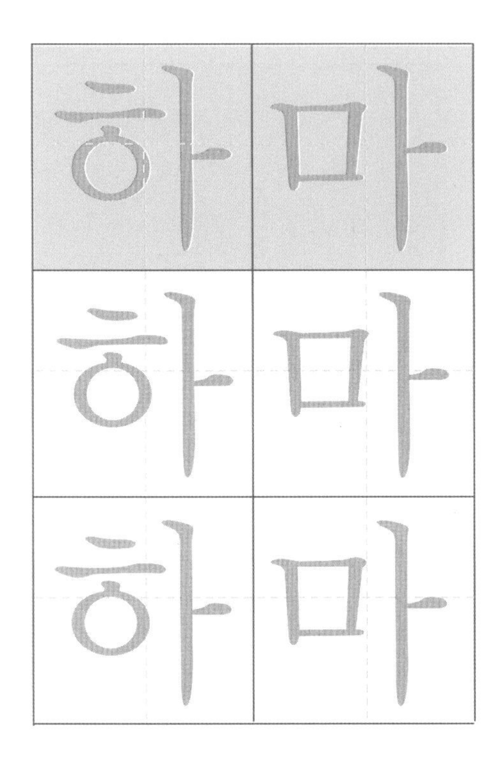

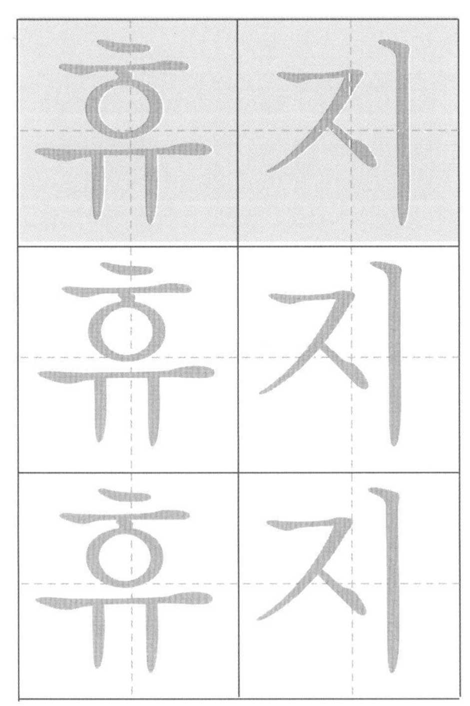

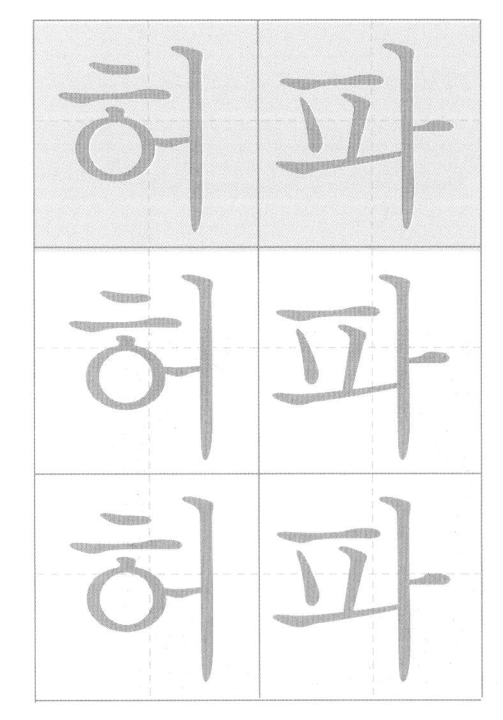

아래 낱말을 예쁘게 따라 써 봅시다.

호	두
호	두
호	두

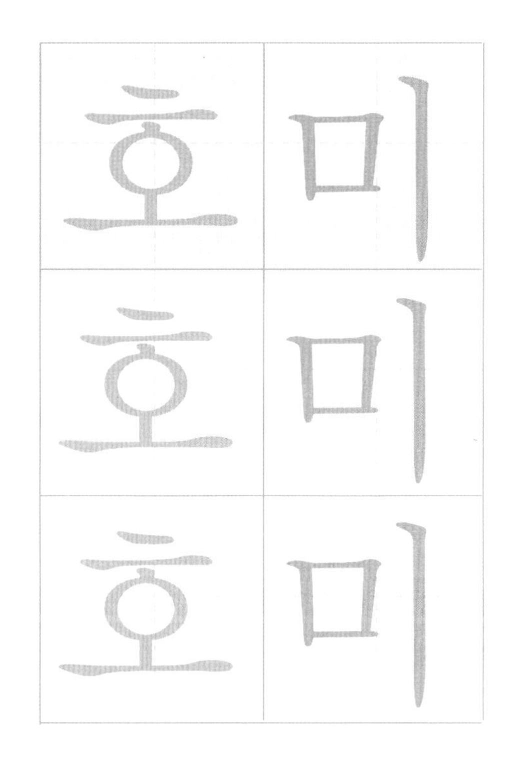

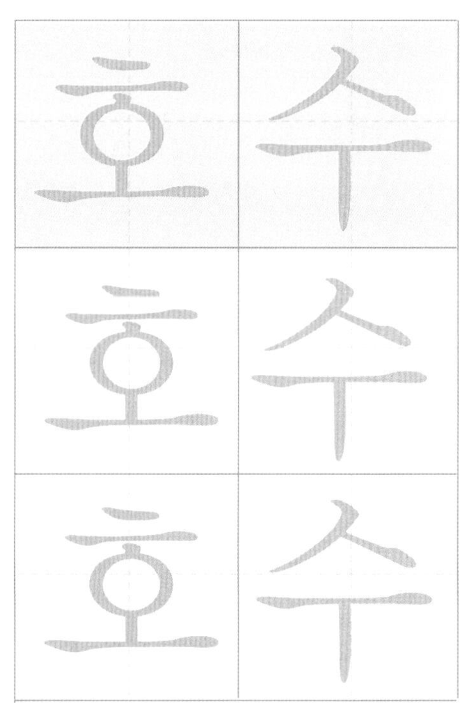

 받침이 있는 낱말을 예쁘게 따라 써 봅시다.

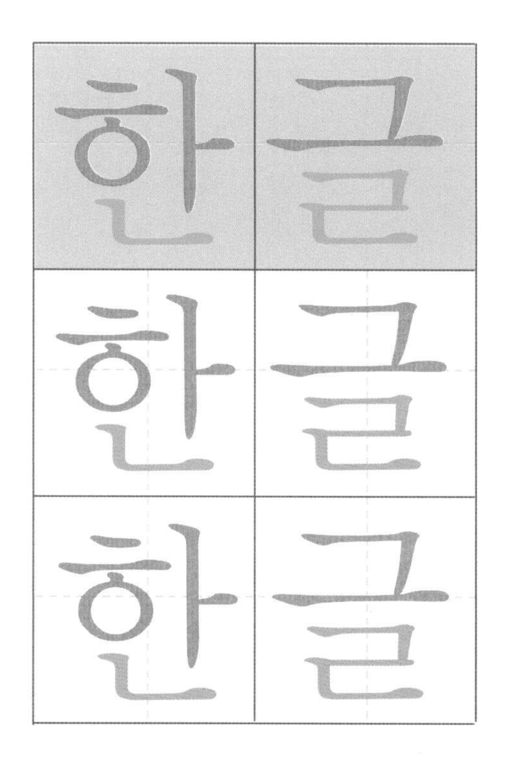

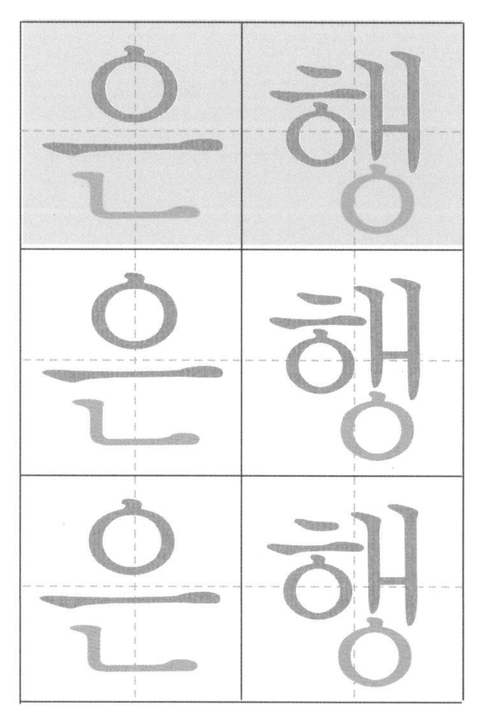

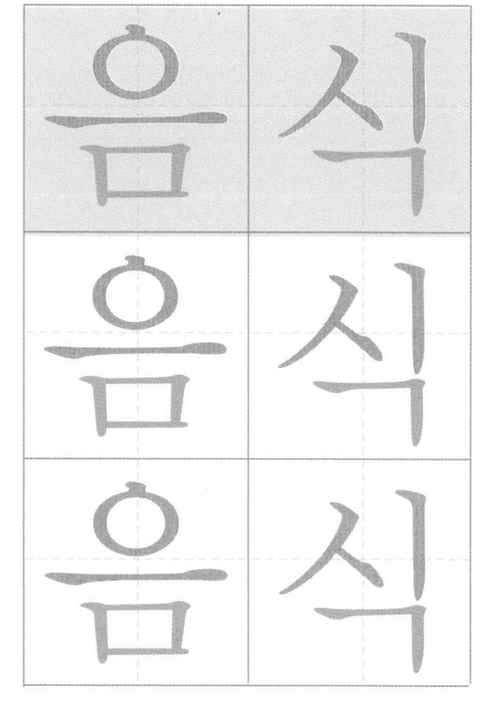

 받침이 있는 낱말을 예쁘게 따라 써 봅시다.

연	탄
연	탄
연	탄

언	덕
언	덕
언	덕

신	발
신	발
신	발

어린이(5-6세)
국어 따라쓰기(나)

초판 발행 2016년 12월 5일

글 편집부

펴낸이 서영희 | 펴낸곳 와이 앤 엠

편집 임명아

본문인쇄 신화 인쇄 | 제책 세림 제책

제작 이윤식 | 마케팅 강성태

주소 120-100 서울시 서대문구 홍은동 376-28

전화 (02)308-3891 | **Fax** (02)308-3892

E-mail yam3891@naver.com

등록 2007년 8월 29일 제312-2007-00004호

ISBN 978-89-93557-77-0 63710